AF367791

CATALOGUE

D'OBJETS RARES ET PRECIEUX

CONSISTANT:

1°. En Statues, Monumens antiques, Colonnes, Vases, Trépieds, Cheminées, Pendules, Tables, etc., en granit, porphyre, lapis, serpentine et marbres les plus beaux, etc.;

2°. En Pierres gravées antiques et modernes, en agathe arborisées et en autres Pierres employées en bijoux;

3°. En Diamans, Rubis, Grenat, et toutes espèces de Pierres fines taillées, et du plus beau choix;

4°. En Plaques polies d'agate, jaspe, avanturine, granits, brèches, marbres etc., toutes de la plus belle qualité.

CES OBJETS FORMANT QUATRE COLLECTIONS:

De Monumens et Meubles d'agrément en roches, etc.;

De Pierres gravées, Agates arborisées;

De Pierres fines ou gemmes;

De Roches et Pierres en Plaques polies;

qui faisaient partie du Cabinet et Musée Minéralogique

De M. le Marquis de DREE.

La Vente de ces Objets aura lieu en son Hôtel, rue St.-Dominique, n°. 11, le Lundi 27 janvier 1817 et jours suivans; l'Exposition sera publique, à compter de Dimanche 19 janvier, depuis midi jusqu'à trois heures.

LE PRÉSENT CATALOGUE SE DISTRIBUE :

CHEZ

{ M. LACOSTE Jeune, Commissaire-Priseur, rue Neuve-Saint-Roch, n°. 41;

M. CH. PAILLET, Appréciateur d'objets d'arts, rue Grange-Batelière, n. 24;

M. COQUILLE, Marchand de Curiosités, rue Neuve-Sainte-Anne, n°. 15.

NOTA. Les Personnes qui auraient des motifs pour voir le Cabinet avant l'Exposition publique, sont priées de s'adresser à l'un de ces trois Messieurs, ou à M. Léman, rue St.-Dominique, Faubourg-St.-Germain, n°. 11.

1816.

CE CATALOGUE SE TROUVE:

A *Londres*, chez M. H. Phillips, 73. Newbond street.

A *Amsterdam*, chez M. B. Coclers, sur le Herengracht, n.° 4

A *Bruxelles*, chez M. Nyeveneuse, rue des Carmes.

A *Manheim*,
A *Francfort*,
A *Vienne*,
A *Munich*,
{ Chez MM. Artaria frères, chargés de la distribution, pour toute l'Allemagne.

DUBRAY, Imprimeur, rue Ventadour, N°. 5.

AVERTISSEMENT.

On compte en Europe un bien petit nombre de Musées Minéralogiques jouissant de quelque célébrité , les plus connus sont ceux du Jardin du Roi, à Paris, de S. M. l'Empereur d'Autriche et de S. M. le Roi d'Espagne. Ils ont coûté des sommes considérables , mais il ne faut pas se dissimuler que leur utilité et leur réputation ne se soutiendront qu'autant qu'on fera les dépenses nécessaires p ur e tenir continuellement au courant des progrès rapid s de la science. Le Musée Britannique quoique moins connu que les précédens , est devenu beauc up plus remarquable, depuis qu'on y a r uni la collection de feu M. Gréville, achetée il y a peu d'années , plus de 360,000 fr. , de ses héritiers , en vertu d'un bill du parlement.

Sous le point de vue scientifique , le Musée de M. le Marqui de Drée rivalise avantageusement avec l s quatre Musées célèbres que nous venons de nommer ; il les surpasse sans aucune comparaison , sous le rapp rt des applications que l'on peut faire de la minéralogie, soit à la connaissance des pierres fines ou gemmes, soit à celle des pierres diverses que la gravure et la sculpture peuvent mettre en œuvre. En effet , par le plus heureux choix d'objets d'arts tant anciens que modernes, ce Musée présente chaque espèce de minéral dans l'emploi qui lui est propre , et tout le monde convient que les quatre collections d'objets dont nous publions le catalogue sommaire , sont uniques en leur genre. Leur formation a exigé tant d'activité , de tems et de dépenses , et tout à la fois , des connaissances minéralogiques si étendues , et un goût si éclairé dans les arts, que ce qui doit d'abord étonner le plus , en les voyant , c'est qu'elles aient pu être rassemblées par les soins d'un simple particulier.

On voit que dans la composition de son Musée , M. de Drée a épuisé tous les points de vue sous lesquels on peut envisager les minéraux, il est parvenu à faire ce qu'on n'avait point fait avant lui , et ce que personne ne tentera probablement de longtems. L description de ce Musée , connu sous le titre de *Catalogue des huit Collections qui composent le Musée etc.*, a paru en 1811. en 1 vol in 4° fig. Cet ouvrage est recherché, et il le deviendrait bien davantage, si les immenses matériaux qui s'y trouvent inscrits venaient à être dispersés ; ce qui serait un véritable malheur pour les sciences.

Ce malheur n'aurait point été à redouter, sans la longue durée des agitations politiques. M. de Drée qui a toujours manifesté le désir que l'ensemble de son Musée pût devenir un monument publique, ou la propriété d'un souverain, eût déjà vu son vœu réalisé, si la pénurie des finances, dans tous les états de l'Europe, n'eût forcé les souverains à porter exclusivement leurs regards sur les moyens de réparer les maux de la guerre. Dans de telles circonstances, M. de Drée cédant à des intérêts plus pressans, s'est déterminé à se défaire des quatre Collections qui tiennent particulièrement aux arts, à l'ornement et à la parure. L'objet du nouveau catalogue que nous publions est d'en annoncer la vente, et de faire connaître sommairement la composition de chacune d'elles.

De ce que ces quatre Collections sont uniques, de ce qu'elles manquent dans les plus célèbres Musées de l'Europe, de ce qu'elles peuvent se détacher des autres collections purement scientifiques de ce Musée, il n'en faut pas conclure qu'elles constituent seulement le luxe de la science; elles offrent au contraire le lien de la science avec les beaux-arts ; elles montrent les minéraux utiles, sous toutes les formes qu'il faut leur donner, pour les asservir à nos besoins comme à nos goûts ; elles en présentent un choix dont tous les exemplaires sont éminemment doués des propriétés qui nous les rendent précieux ; elles composent ce qu'on peut appeler la minéralogie des beaux-arts, la seule qui soit vraiment nécessaire aux gens du monde, la seule qui leur soit facilement accessible, et qui puisse leur plaire, à juste titre.

Il serait à désirer que ces quatre Collections pussent convenir à un même acquéreur, ou du moins, que chacune d'elles fût vendue dans son entier. Indiquons la destination qu'elles pourraient recevoir avec le plus d'avantage.

La Collection *des marbres , roches et pierres polies* conviendrait à une grande galerie de statues et de monumens , elle attirerait utilement et agréablement , l'attention des artistes et des amateurs des arts : on aimerait à comparer les élémens des monumens les plus célèbres , les produits des carrières les plus renommées. C'est ainsi qu'on mettrait en parallèle , le granit des obélisques d'Egypte avec celui de la statue de Pierre le Grand ; le basalte de la grande pyramide avec celui des lions du Capitole ; le marbre immortalisé par le ciseau de *Praxitelle* avec celui que les *Michel-Ange* et les *Bouchardon* savaient animer.

L'intérêt déjà si grand que présente la réunion classique de tous ces matériaux taillés en simples échantillons polis , se reproduit sous un point de vue plus précieux, dans la Collection des *monumens et meubles d'agrément.* Ici , la forme embellit la matière ; des ornemens , des bronzes , des montures élégantes l'enrichissent , et la rendent susceptible de prendre place dans les p'us beaux salons , dans les plus vastes galeries. Cette Collection , conservée dans son entier , meublerait convena lement un Palais , et le protecteur des arts qui en serait propriétaire, jouirait du double agrément de se voir entouré des plus belles matières qui aient été employées chez les différens peuples, à compter de la plus haute antiquité ; et de trouver dans ces matières , des monumens antiques , des représentations de monumens, et des objets d'art en tout genre, sous des formes agréables. Quel plus sûr et plus attrayant moyen pour apprendre à distinguer le mérite et la valeur de tous les genres d'ouvrages, aux époques les plus remarquables ?

La Collection des *Pierres gravées , des Camées* et *des Agates arborisées* se compose de pièces qui ont la plupart un très-grand prix. Elle peut indifféremment se placer dans le cabinet d'un très-riche ami des arts , ou être mise à l'usage d'un personnage de la plus haute distinction. Des entourages appropriés permettent, de porter ces pierresou de les faire servir à la parure , un tel emploi n'ôterait rien au mérite singulier que présente la série systématique et complète de cette Collection , dans laquelle on reconnaîtra que le choix des belles matières a été combiné avec celui des gravures qui caractérisent les travaux de toutes les époques.

La destination la plus convenable que pourrait recevoir la Collection des *Pierres fines* ou *Gemmes* , ce serait de faire partie du trésor d'un prince ou d'un souverain ; elle y jouerait un double rôle. Cette collection offre l'échelle la plus étendue et la plus accomplie des rares propriétés qui nous font rechercher les *Pierres fines*. Depuis sa formation elle a été fréquemment consultée par les artistes et les savans, Elle figurerait dans un trésor, comme un type extrêmement curieux , à l'aide duquel on pourrait surement reconnaître , classer et estimer les pierres qui s'y trouveraient et celles qu'on voudrait acquérir. Elle servirait à prévenir jusqu'à l'ombre de la fraude. Sous ce point de vue , l'achat de cette Collection serait , à coup sûr , plus utile à un souverain que celle d'un brillant d'un prix égal , ou même, d'un prix très-supérieur ; cet avantage n'empêcherait pas que ces pierres entourées ou montées sous forme de bagues ou d'épingles , pûssent être mises à l'usage journalier du prince. On sait que le grand Condé possédait autant de cannes et de tabatieres différentes qu'il y a de jours dans l'année. Il semble que ce genre de luxe serait mieux placé dans les pierres fines, on le réaliserait avec autant de variété que de magnificence , à l'aide de la Collection que nous annonçons.

On a dû être extrêmement sobre de détails , dans le catalogue que nous publions. On invite les personnes, que de plus grands détails pourraient intéresser , à prendre connaissance du catalogue publié en 1811 et de celui qui a paru en 1814, 1 vol in-8°, dont la publication avait été nécessité par l'accroissement successif du nombre des objets, il comprend également les huit Collections, mais il n'est que sommaire. Pour établir facilement les rapports avec ces catalogues , nous avons conservé l'ordre des divisions et des numéros de ce dernier catalogue. Les objets ajoutés depuis, à la Collection, sont placés ici, avec des numéros répétés.

Nous ne donnerons pas une liste des principaux objets ; il y aurait embarras du choix , et leur grand nombre nous conduirait hors des bor. es d'un avertissement; il est d'ailleurs bien connu que dans ce cabinet, les objets même de moindre importance ont été si bien choisis , sous tous les rapports , qu'ils méritent l'attention de l homme de goût.

On trouvera le dessin de plusieurs objets de chacune des trois premières collections , et même des notes instructives sur les substances pierreuses employées dans les arts , dans le Catalogue publié sous le titre de Catalogue du Musée, *1 vol in-4° avec planches, en 1811 , à Paris , chez Potey , libraire, rue du Bac , n. 46.*

A la fin de plusieurs articles, on trouve une m. *suivie d'un* n° *; ce n° désigne l'article du Catalogue du Musée de 1811. dans lequel est décrit l'objet; les planches indiquées se trouvent aussi dans ce Catalogue. les articles des trois premières Collections qui n'ont pas ce n° de renvoi, sont des objets ajoutés depuis la publication dudit Catalogue ; et l'on jugera par leur nombre et par la récapitulation de chaque Collection , combien ce Musée s'est enrichi depuis cette époque.*

INDICATION DES ABREVIATIONS.

ant······················ antique.
br······················ bronze.
cab······················ cabochon.
car······················ carré.
car–ém······················ carré–émoussé.
chat······················ chatoyant.
D ou d······················ diamètre.
dim······················ dimension.
ep······················ épaisseur.
H ou h······················ hauteur.
h. t······················ hauteur totale.
hexag······················ hexagone.
inc······················ incolor.
larg······················ largeur.
long······················ longueur.
m······················ Catalogue du Musée. Paris, 1811.
mi transp······················ demi–transparent.
mont······················ monture.
moul······················ moulure.
octog······················ octogone.
orn. ou ornem······················ ornemens.
ov······················ ovale.
ov. cab······················ ovale cabochon.
trav······················ travail.

COLLECTION

DE

MONUMENS ET MEUBLES D'AGREMENT

EN ROCHES ET PIERRES;

MONTURES EN BRONZE DORÉ.

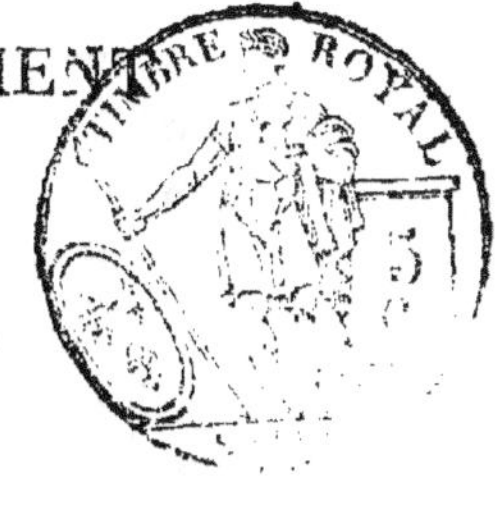

NOTICE PRELIMINAIRE

Sur cette Collection, la Huitième du Catalogue du Musée.

Nous devons au choix que les anciens peuples faisaient des pierres dures pour leurs travaux, la conservation de grands et de petits monumens, qui, sans cela, ne seraient pas venus jusqu'à nous. Ces peuples, plus magnifiques que les peuples modernes, recherchaient les solides et belles matières pour la décoration de leurs monumens. Par suite des conquêtes des Romains, nombre de ces objets antiques s'est trouvé réuni en Italie, et y a perpétué l'amour des arts et la connaissance de ces matières distinguées par leur effet; mais dans les autres contrées de l'Europe, on a peu recherché les belles pierres, faute des connaissances qui les font apprécier et qui dirigent leur heureux emploi.

Il entrait dans le plan de ce Musée de reproduire le goût de ce genre de connaissance, afin de ne pas laisser sans emploi de belles roches et pierres faites pour l'ornement; de rattacher l'amateur et l'artiste à ces objets d'art, et de répandre le bon goût, en familiarisant avec le bon style et les dessins agréables. Pour y parvenir, on a dû mettre chacun à portée d'apprendre à connaître et à distinguer les différentes espèces de roches ou pierres, et on l'a fait théoriquement, en plaçant dans le Catalogue du Musée cité , des notes explicatives sur les principaux caractères spécifiques et distinctifs de chaque espèce de roches ou pierres qui s'emploient dans les arts.

On a aussi dû former une Collection où l'on pût trouver en comparaison toutes ces matières , et on a dû les montrer employées d'une manière intéressante et agréable , afin que l'ensemble puisse propager l'amour des arts, et former le goût et le sentiment , qui font apprécier et bien juger les ouvrages de l'art. En conséquence , on a cherché à réunir , dans cette Collection , toutes les vues d'utilité au charme de l'intérêt et de la beauté ;

1°. En faisant entrer dans sa composition des monumens antiques d'un petit volume ; des copies de ces monumens remarquables, qui nous rappellent les travaux et le style des anciens ; enfin , des objets d'agrément et d'utilité d'un travail moderne ; ce qui comprend : colonnes , obélisques , trépieds , autels , tombeaux , urnes cinéraires, statues, bustes, vases, coupes , cheminées, pendules, tables , dessus de meubles, etc. ;

2°. En faisant trouver , dans cette réunion choisie de monumens , un ensemble de tous les granits, porphyres , basaltes , serpentines , marbres et autres matières les plus précieuses employées par les anciens ou par les modernes , et celles qui sont dignes de l'être , chaque objet étant dans le plus beau choix de son espèce , et dans la dimension la plus convenable à la matière ;

3°. En donnant à cette Collection tous les agrémens possibles, soit par la variété des monumens et des objets , soit par la grâce et l'élégance des formes , soit par la richesse, le beau travail et le bon goût des bronzes dorés , dont la plupart sont enrichies.

Cet ensemble est parfaitement complet. Les matières dures y sont sur-tout très-multipliées ; étant les moins connues, on a dû principalement s'y attacher, quoique beaucoup plus chères.

Ainsi la même Collection a le mérite d'offrir une suite de monumens qui parlent à l'esprit et aux yeux. Elle a celui d'établir le parallèle entre les arts anciens et les arts modernes. Elle a celui de présenter le plus beau choix de toutes les matières précieuses , sous une forme intéressante ou agréable , et enfin celui de former une décoration et un ameublement magnifique pour un palais.

C'est donc un vrai monument dans lequel l'amateur et le protecteur des arts peuvent acquérir plusieurs genres d'instruction au milieu d'objets qui réunissent le charme à l'intérêt.

Un atlas *in-folio* contient les dessins de tous les objets au trait , la plus grande partie de grandeur naturelle , et on peut en voir quelques-uns de chaque genre , dans les planches du *Catalogue du Musée.*

Cette Collection est composée de 541 objets travaillés , dont 457 sont des objets marquans, la plupart montés en bronze doré. Les 84 autres sont des socles ou plinthes non décrits.

Il y a , en outre , 20 à 25 blocs de très-belles matières non encore travaillées entre autres un bloc de 13 kilogrammes (27 livres) de lapis lazuli.

Nota. Les dimensions sont notées en pouces de roi , dont on trouve la mesure exacte en parallèle avec celle en millimètres, à la seconde page.

PREMIERE SECTION.

MATIÈRES DURES.

GRANIT. — *Roche granitique.* — Cat. mus. p. 128.

1 — Colonne tronquée, granit vert, noir et gris. Antique très-beau. Plinthe, marbre africain ; socle granit, n. 49 ; tors en bronze doré. — Hauteur 40 p. ; diamètre 10 p. ; hauteur totale, 50 p. — m 6.

Ce granit d'un très-bel effet et d'une composition particulière a de plus le mérite d'être antique et d'une grande rareté.

2 — Deux colonnes cannelées , tronquées. Gran. gris-violet et noir. Antique. — Socle en lumachelle, n. 508. — H. 54 p. 5 l. ; d. 12 p. ; h. t. 42 p.

Les cannelures et le tors pris dans la masse donnent, sur ces colonnes, une idée du travail qu'il a fallu pour les exécuter dans une matière aussi dure.

2 *bis*. — Colonne tronquée – granit rose d'Egypte; variété très-rare et des plus belles du n. 5. Tors et plinthe en bronze doré. — H. 27 p.; d. 7 p.; h. t. 52 p.

Par le grand nombre des cristaux de Feld-spath beau rose, cette variété est la plus agréable des granits.

2 *ter*. — Colonne tronquée, tors pris dans la masse. Granit vert-blanc, des Vosges, variété à gros grain, du n. 4. Socle autre variété du même granit — H. 31 p.; d. 11 p. 9 l.; h. t. 36 p.

3 — Colonne miliaire. Granit blanc-gris et noir, antique. La boule Granit à bande verte et rose des *Alpes*. — Piédestal, marbre brèche violette. — Tors et aiguille en bronze doré. — H. 25 p. 6 l.; d. 4 p. 6 l.; h. t. 41 p. — m. 7.

4 — Deux colonnes ioniques. Granit vert et blanc, des *Vosges*. Très-beau. — Socle granit de Corse, n. 52. Tors et chapiteaux bronze doré. Statues en bronze au-dessus. — Hauteur 18 p. 6 l.; d. 3 p. 2. l.; h. t. 31 p. — m. 9.

5 — Obélisque sur plinthe, copie exacte en tout de celui de Luxor, près Thèbes, et du même granit. Granit rose, blanc et noir dit *rose d'Egypte*. — Quatre bornes en granitelle, n. 43. — H. 37 p.; d. 4 p.; h. t. 38 p. — m. 9.

L'exactitude de cette copie fera juger combien on s'est éloigné, en Europe, de l'institution de ces monumens en les élevant sur des piédestaux. Elle devient en cela un objet d'intérêt.

6 — Statue d'un pastophore égyptien accroupi, tenant un autel où sont gravées les figures d'Osiris et d'Anubis, avec des hiéroglyphes, d'une haute antiquité. Granit noir et blanc antique. — H. 13 p.; d. 4 p. 6 l.; h. t. 17 p. — m. 20.

6 *bis*. — Buste d'Isis, portion de statue en pied de l'antiquité la plus reculée. Granit fissile et micacé, gris-noir; — l. 10 p.; h 14.

Quoique le bas du corps ait été fracturé, la tête et la partie du dos donneront une idée du style des ouvrages des premiers Egyptiens.

6 *ter.* — Scarabé , les pattes étendues sur une plinthe. Morceau unique par sa grandeur , et trouvé dans le tombeau d'Osimandias.—Granit rose antique. — long. 14 p. 6 l.; l. 11 p. 6 l.; h. 6 p. ; h. t. 10 p. 6 l.

Le lieu où a été trouvé ce curieux morceau de sculpture , lui donne la date la plus reculée ; il est sous ce rapport comme sous celui de son authenticité un des monumens les plus marquans qui existent. Découvert par un des membres de l'expédition d'Egypte ; il faisait partie des objets précieux de la Malmaison.

7 — Vases à anses. Granit vert foncé et blanc. Antique dit *fleuri.* Rare et très-beau.—H. 11 p. ; d. 3 p. 3 l.—m. 13.

8 — Vases à anses , forme de cassolette. Granitelle vert , pointillé de blanc dit *erbetto* antique. —Beau travail. —H. 12 p. ; d. 12 p.— m. 14.

9 — Deux vases forme Médicis. Granit vert à grenats rouges de Hof. Très-rare. —H. 6 p 6 l. ; d. 5 p.—m. 15.

10 — Vase libatoire. Granit *graphique* blanc-rosé et gris. — Anse à figure ; ornemens bronze doré. —H. 17 p. ; d. 4 p. 3. l. —m. 16. Pl. VIII, fig. C.
Ce vase d'une forme et d'une matière agréable à l'œil, est rare sur-tout en morceaux de ce volume.

10 *bis.* — Deux vases ovoïdes à goulette, belle forme. Granitelle très-fin, piqueté de noir, de Suède.—H. 14 p. 3 l.; d. 6 p. 6 l.. Cette espèce rare de granit est aussi curieuse par sa composition, qu'elle est agréable par le ton doux et l'uniformité de sa teinte.

11 — Vasque ronde. Granitelle vert et blanc. Très-beau. antique d'*Egypte.* Piédestal bronze doré. —H. 2 p. 6 l. ; d. 12 p. 6 l. ; h. t. 11 p.—m. 17.

12 — Grand vase. Granit vert et blanc, à noyaux. *Granit globulaire de Corse.* La plus belle qualité. — Anses et ornemens en bronze doré, aussi précieux que beau. —H. 22 p. ; d. 10 p. — m. 10. Pl. IX , fig. D.

13 — Vase forme étrusque. Variété du même granit globulaire. — Anses et ornemens bronze doré. — H. 10 p. ; d. 6 p. — m. 11, Pl. VII, fig. A.

14 — Pendule. Variété du granit globulaire. — Garnie de deux très-grandes figures en bronze ; par Michalon. Ornemens en bronze doré, mouvement par Breguet. Objet trèsprécieux. — Largeur 19 p. ; h. t. 30 p. — m. 19, p. 293, n. 19*.

Ce beau modèle offre le sujet de Psyché couronnant l'Amour ; il réunit la grâce à l'élégance des formes et se développe avec une noblesse que l'on ne rencontre pas ordinairement dans les objets de ce genre. Le mouvement de cette pendule est de M. Breguet, l'un de nos plus célèbres artistes en horlogerie.

15 — Deux piédestaux. Gran. globulaire n° 12. — Supportant des figures ailées formant candelabres, par Michalon. Ornemens et girandoles en bronze doré ; ils vont avec la pendule. — D. 35 p. 4 l. ; h. t. 43 p. — m. 19**.

Les cinq pièces n° 12, 13, 14 et le n° 19 qui va suivre, toutes d'une matière extraordinairement remarquable et la plus rare, sont richement montées et concourrent par leur ensemble parfait à une réunion digne du plus bel ameublement.

16 — Cheminée complète, avec gaines massives. *Gran. rose d'Egypte*, le plus beau. — Bustes sur gaines, et ornemens en bronze doré. — H. 35 p. ; larg. 14 p. ; long. 45 p. — m. 18. Pl. XI, fig. B.

Cette cheminée faite en premier lieu pour le boudoir le plus élégant de la capitale, ne dément pas sa destination par la beauté du granite et par celle de ses bronzes, exécutés par feu Coutière.

17 — Cheminée complète. Gran. rose et gris, de *Saône et Loire*. Ornemens en marbre blanc. Belle sculpture. — H. 41 p. ; larg. 16 p. ; long. 56 p. — m. 19.

18 — Deux piédestaux. Granites grenatiques, l'un blanc, rouge et noir, l'autre blanc-gris et brun du *Tyrol*. Superbes matières. — Supportant deux figures candelabres de bronze, ornemens et girandoles en br. doré, riches et du meilleur goût ;

ils vont avec la pendule de jaspe fleuri , n° 175. — H. 6 p. ;
d, 4 p. 5 l. ; h. t. 24 p. — m. 51-52.

19 — Table octogone. Variété du gran. globulaire , n° 12.
— Monture en racine d'orme très-belle , avec ornemens très-
riches en bronze doré. — Epaisseur 9 l.; d. 55 p. — m. 4* p.
295. Voyez le n° 15.

20 — Table carrée. Granit rose et gris, de Saône et Loire ,
fort beau. — Ep. 1 p. 8 l. ; larg. 25 p. 6 l.; long. 45 p. — m. 1.

Le monument érigé à la mémoire du célèbre commandeur
D. de Dolomieu, qui se trouve placé à Château-Neuf, est de
ce granit français.

21 — Table carrée. Pendant de celle ci-dessus. — Gran. violet
et blanc *des Vosges*. Bel effet. — Ep. 1 p. 4 l. ; larg. 24 p.;
long. 46 p. — m. 2.

22 — Deux tables carrées. Granit vert et blanc antique. Magnifique. — Sur belles consoles en acajou avec ornem. en br.
doré. — Ep. 1 p. 6 l. ; larg. 20 p. 6 l. ; long. 45 p. — m. 5.

La grande rareté et le beau ton de ce granit nous paraissent
devoir fixer l'attention des amateurs.

25 — Table carré long. Granit vert et blanc à diallage et
parties calcaires. — Ep. 1 p. ; larg. 24 p. ; long. 49 p.

Cette autre variété est encore supérieure à la précédente
pour le bel effet.

24 — Table carrée. Granit gris et rose. Petit granit rose antique d'Egypte. Rare et beau. — Ep 9 l ; larg. 18 p. 9 l.;
long. 20 p.

25 — Deux tables rondes. Granit blanc et noir d'Egypte.
Très-beau. — Montées en athéniennes ou trépieds d'acajou
garnis de bronze doré. — Ep 1 p. 3 l ; d. 18 p.; h. t. 56 p. 6 l.
— m 4.

26 — Table ovale. Granit diapré gris , violet et vert , *verde
di Corsica*. — Monture en bois amarante. — Ep. 6 l. ; d. 14 p.
6 l. sur 21 p. — m. 5.

On connaît le prix de cette matière.

27 — Deux petits fûts de colonn Granit rose d'*Egypte*.

— Tors et plinthes en bronze doré. — H. 4 p. 6 l. ; d. 4 p. ; h. t. 6 p. — m. 21

28 — Fût de colonne. Granit vert et blanc antiq. — Tors et plinthe en marbre. — H 7 p. 6 l. ; d. 3 p. 9 l ; h. t. 9 p. — m. 22.

29 — Fût de col. Granit vert et blanc, à diallage ant. très-beau. — Tors et plinthe en marbre. — H. 7 p. 61 ; d. 3 p. 9 l. ; h. t. 9 p. — m. 23.

30 — Fût de col. Granit vert-noir et blanc antiq. beau. — Tors br. doré. — H. 3 p. 6 l. ; d. 4 p. ; h. t. 5 p — m. 24.

31 — Fût de col. Granit gris-violet et vert, *verde di Corsica*, le plus beau. — Tors br. doré. — H. 3 p 6 l. ; d. 4 p. ; h. t. 5 p. — m. 25.

32 — Deux fûts de col. Granitelle vert foncé et gris des *Vosges*, très-beau. — Tors br. doré. — H. 6 p ; d. 4 p. 3 l. ; h. t. 8 p. 4 l. — m. 27.

33 — Fût de col. Granit rose des *Vosges*, cependant dit ant. — Il est traversé par un bandeau en bas-relief. — Ornemens en bronze doré. — H. 8 p. ; d. 5 p. ; h. t. 11 p. 6 l. — m. 26.

34 — Fût de col. Granit noir et blanc, *nero antico*. Magnifique. — Tors bronze doré. — H. 4 p. ; d. 5 p. ; h. t. 5 p. 6 l.

35 — Deux piédestaux. Granit vert foncé et blanc des *Vosges*. — Moulures bronze doré. — H. 5 p. 9 l. ; d. 3 p. 9 l. ; h. t. 7 p. — m. 28.

36 — Piédestal rond avec trois mufles sculptés. Bon travail ant. — Gran. blanc, gris et noir. — H. 7 p. 6 l. ; d. 13 p. — m. 29

37 — Deux piédestaux. Variété du granit rose d'*Egypte*. — Tors br. doré. — H. 5 p. 3 l. ; d. 5 p. 9 l. ; h. t. 4 p. 10 l. — m. 30.

38 — Piédestal. Granitelle gris foncé et noir ant. — Moulures doré. — H. 5 p. 10 l. ; d. 5 p. 2 l. — m. 33.

(9)

39 — Piédestal. Granit vert à grenat rouge. Curieux. — Moulure br. doré. — H. 5 p. 2 l. ; d. 3 p. 3 l. ; h. t. 6 p. 6 l.

40 — Deux piédestaux. Gran. vert et noir de *Corse*, très-curieux. — Moulure br. doré, — H. 5 p. 6 l. ; d. 5 p. 10 l. ; h. t. 7 p.

41 — Deux pié es'aux carrés. Variété du granit vert des *Vosges*, n° 35. — Moulure br. doré. — H. 7 p. ; d. 5 p. 8 l. ; h. t. 9 p.

42 — Deux piédestaux carrés. Granitelle antique cendré très-beau. — Moulure br. doré. — H. 5 p. 6 l. ; d. 3 p. 8 l. — m. 34.

43 — Quatre bornes Granitelle vert et blanc ant. — H. 5 p. ; d. 1 p. 9 l. — m. 48.

44 — Piédouche pour buste. Granit rose et gris de *Cherbourg*. — H. 3 p. 6 l. ; d. 4 p. — m. 49.

45 — Grand socle carré. Variété du granit rose d'*Egypte*. — Ep. 5 p. 3 l. ; d. 16 p. — m. 35.

46 — Grand socle carré. Variété du granit noir et blanc d'*Egypte*, n° 23. — Ep. 5 p. 9 l. ; d. 16 p. — m. 36.

47 — Socle carré. Granit gris et rougeâtre du *Forez*. — Ep. 1 p. ; d. 4 p.

48 — Socle carré. Granit blanc et noir du *Mont-Blanc*, — Ep. 1 p. ; d. 4 p.

49 — Grand socle carré. Variété du granit violet et blanc des *Vosges*. — Ep. 5 p. 4 l. ; d. 16 p. 6 l. — m. 37.

50 — Grand socle carré long. Variété très-foncée du granit rose d'*Egypte*. — Ep. 2 p. ; larg. 10 p. ; long. 16 p. — m. 38.

51 — Socle carré long. Granit vert et blanc ant. *gran. du Christ*, très-beau — Ep. 1 p. 8 l. ; larg. 7 p. 5 l ; long. 10 p. — m. 40.

52 — Quatre socles carrés et quatre petits cippes ronds. Gran. vert et noir de *Corse*, très-curieux. — H. 5 p. 6 l. ; d. 5 p. 9 l. — m. 43.

53 — Seize socles, plinthes, piédouches de diverses gran.

deurs offrant de belles matières ou des variétés remarquables décrites dans le *Catalogue du Musée*, nᵒˢ 39, 41, 42, de 44 à 47, 50.

BASALTE NOIR ORIENTAL. — *Roches amphiboliques*, page 237.

54 — Tête de Ptolomée Evergète. Ouvrage antique, précieux. Basalte noir oriental. — Buste marbre - sanguin. Piédouche marbre rouge antique. — H. 14 p — m. 1.

Cette tête, suivant les antiquaires, est celle de Ptolomée Evergète ; on y retrouve tout le naturel qui tient au faire du commencement du beau temps chez les Grecs Cette matière rare et difficile a travailler, n'a été employée que dans les temps reculés, et donne en cela , à cet objet précieux, une valeur que les amateurs éclairés sauront apprécier.

55 — Deux espèces de bornes. Emblême religieux d'un culte indien. — Basalte noir oriental. — H 17 p. ; d. 5 p. 3 l. — m. 2.

Ces objets qui portent des caractères et emblêmes symboliques, sont probablement des lingam, ils sont d'un grand intérêt pour l'histoire et curieux par leur matière.

56 — Colonne tronquée. Basalte noir, moucheté dans quelques parties de points blancs, et traversé par des veines et noyaux de granit rose, d'*Egypte*. Morceau des plus intéressans par la réunion du basalte et du granit , et dont il serait impossible de rencontrer le pareil. — Tors br. doré , plinthe mar. noir et blanc. — H. 18 p. 6 l. ; d. 11 p. h. t. 23 p.

BASALTE VERT ANTIQUE ET PÉTROSILEX. — *Roche pétrosiliceuse. — Mus. p. 238.*

57 — Statue d'un Pastophore égyptien accroupi , tenant devant lui Osiris , et couvert de beaux et nombreux hiéroglyphes. — Basalte vert, dit *oriental.* — H. 14 p. 6 l. ; larg. 4 p. 6 l. ; long. 8 p. 6 l. — m. 5.

Ce monument , quoique fragmenté , est du plus beau temps de l'Égypte.

58 — Autel à sacrifice. Copie exacte d'un autel d'Athènes.

— Pétro-sileux rouge de Suède. Snbstance précieuse. — Orné
de br. doré. Marches en marbre vert et rouge. — H. 6 p. 5 l. ;
d. 2 p. 6 l. ; h. t. 7 p. 3 l. — m. 6. Pl. VI , fig. A.

59 — Plateau ovale. Pétro-silex rouge de *Suède*. Superbe.
— Monture en bronze doré. — D. 8 p. sur 9 p. 6 l. — m. 7.

60 — Quatre casse-têtes et autres instrumens des peuples
sauvages. — Basalte homogène , mais de diverses variétés. —
Objets de curiosité. — m. 8.

61 — Vase alongé , à anses. Basalte vert. Très-belle matière. — Charmante forme. — H. 10 p. ; d. 3 p. 2 l. — m. 4.
Pl. VII , fig. C.
Ce vase est aussi séduisant par son élégance que par la matière, dite antique.

62 — Table carrée. Pétro-silex vert, rayé et nuancé , superbe, imitant le bois pétrifié. — Elle est montée sur des flambeaux portant des bustes de zéphirs ; le tout en br. doré. —
Ep. 1 p. 2 l. ; larg. 15 p. ; long. 29 p. 6 l. — m. 1. Pl. XI ,
fig. A.
Cette table de la pâte la plus fine et montée dans le meilleur goût , est semblable à celle qu'avait la Reine de France,
et provient d'un bloc que lui avait envoyé l'Empereur Jo-
seph II.

63 — Table ovale. Pétro-silex diapré rose , vert et blanc.—
Pieds en acajou à gaine. Têtes et ornemens en bronze doré. —
Ep 1 p. ; d. 18 p. 6 l. sur 21 p. — m. 2.
Cette matière l'une des belles substances que recèle la Sibérie,
et qui sont encore inconnues dans les arts, est aussi distinguée par
le mélange de ses belles couleurs que par la finesse et la dureté
de sa pâte. Cette table est le dédoublement d'une autre table faite
pour l'Impératrice de Russie, Catherine II.

64 — Table carrée. Pétro-silex beau vert-clair de *Sibérie*.
— Pieds d'acajou , bronze doré. — Ep. 1 p. 3 l. ; larg. 12 p ;
long. 20 p. — m 3.
La variété qu'offre cette Collection dans les matières de
pareilles substances , nous force à rappeler souvent l'attention
des curieux sur chacune d'elles , et principalement sur celle-

ci , que la douceur , l'uniformité de la couleur et la finesse du grain placent au premier rang.

65 — Piédestal carré long. Pétro-silex rouge , brun et vert de *France* , très-beau. — H. 4 p. 9 l. ; larg. 2 p. 4 l. ; long. 3 p. 2 l.

PORPHYRE. — *Roche porphyritique.* — Mus. p 240.

66 — Deux colonnes ioniques. Porphyre brun et vert , *serpentin des Vosges* , très-beau. — Socles. Gran. n° 52. Tors , chapiteaux br. doré. Statue de bronze au-dessus , pendant de celles gran. n° 4. — H. 18 p. 6 l.; d. 2 p.   l. h. t. 31 p — m. 6.

Ce porphyre rivalise avec les plus beaux porphyres antiques de la variété nommée serpentin.

67 — Col. tronquée. Porphyre gris , blanc et noir , dit *œil de perdrix* , *pidochiello* , ant. Substance des plus agréables. — Tors br. doré. H. 15 p. 2 l. ; d. 4 p. 4 l. ; h. t. 17 p.

68 — Obélisque dont l'aiguille est la copie de celui de Ramsès , maintenant à Rome. Il est monté à la manière des Romains, sur un piédestal avec gradin ; porphyre rouge et blanc. *Porph. rouge antique, —* H. 39 p. ; d. 2 p. 10 l. ; h. t. 48 p. — m. 7.

Il est intéressant de pouvoir comparer avec celui-ci , l'obélisque granit n° 5 qui est dans l'institution égyptienne.

69 — Buste de Scipion l'Ancien. Porph. rouge *ant.* — H. 16 p. — m. 15.

Morceau d'un bon style et d'un caractère décidé dans tout son ensemble. Le plus grand nombre des antiquaires le juge antique.

70 — Un canope bien évidé , ant. du plus beau travail. Variété violette du porph. rouge ant. — La tête en bronze formant couvercle est moderne. — H. 10 p 9 l ; d. 5 p. 6 l. ; h. t. 15 p. 6 l — m. 16.

71 — Fragment d'un vase antique , avec hiéroglyphes, Porph. rouge et blanc , *serpentin noir ant.* Magnifique et très-précieux. — Long. 6 p 4 l. ; larg. 6 p. — m. 12.

71 *bis.* — Grand vase antique, connu sous le nom de *vase de Pallas*, anses prises dans la masse, couvercle conique — Porph. rouge et blanc antique. — H. 2 p , d. 1 ¼ p.

Cette pièce capitale parlera d'elle-même à tous les yeux. Elle provient de la galerie de la Malmaison et y était admirée par la supériorité de la matière, le grand volume du vase et la perfection du travail. L'opinion de quelques personnes serait que le couvercle aurait été fait dans un temps postérieur.

72 — Deux vases alongés, à anses prises dans la masse. Porph. vert et blanc, *serpentin antique*. — H. 15 p. 6 l. d. 15 p. 6. l. — m. 8.

Ces deux variétés sont curieuses par leurs différentes nuances, l'une étant à fond beau vert, l'autre à fond vert-jaunâtre.

73 — Vase antique, forme d'urne, porph. noir et blanc très-rare. Variété bien noire n° 82. — H. 12 p ; d. 7 p.

Si ce vase n'est pas d'une forme des plus heureuses, il est très-recommandable par l'extrême rareté de cet antique porphire.

74 — Deux vases ovoïdes. Porph. vert et blanc très-rare et beau, des *Vosges*. — Ornemens br. doré. — H. 11 p. ; d. 5 p. 6 l. — m. 9.

75 — Vase forme cassolette, à anses. Variété du porph. *œil de perdrix*, n° 67. — H. 13 p. ; d. 11 p. 3 l.

Charmante substance et d'une forme heureuse dans ces sortes de profiles.

76 — Deux vases forme nacelle, à couvercles. Corps et couvercles sculptés en palmettes et gaudrons. Beau travail du 16.ᵉ siècle. — Porph. rouge antique. Belle variété. — H. 19 p ; d. 12 p. ; g. d. 22 p. — m. 10.

Ces deux pièces capitales et d'un riche travail, seraient convenablement placées à l'entrée d'une belle galerie.

77 — Vase forme d'amphore. Porph. vert et blanc, *serpentin des Vosges*. Très-beau. — Br. doré. — H. 11 p. ; d. 13 p.

78 — Grande coupe ronde. Porph. rouge ant. la plus belle qualité. — Précieux travail. — H. 11 p. 6 l. ; d. 16 p. — m. 11. Pl. IX, fig B.

Morceau remarquable par son volume, le fini, la délicatesse du travail, et l'élégance de la forme.

79— Grande coupe. Porph. vert et blanc ant. *verde di prata.*
— Ce magnifique et rare porphyre vient d'*Egypte.* Travail le
plus parfait. — H. 11 p. 6 l.; d. 14 p. 6 l. — m. 12. Pl. IX ,
fig C.

Il est à considérer que les moindres objets de cette matière
se paient habituellement fort cher.

80 — Vasque ovale. Porphyre gris et blanc antique *pidoc-
chioso.* Rare — H. 5 p ; d. 14 p. 3 l.; g. d. 18 p. 6 l. —
m. 13.

81 — Grande coupe. Travail parfait. Porph. violet et blanc
de *Suède.* — Montée sur trois figures de femme en bronze. Ornemens br. doré. Socle triangulaire en vert sanguin, ant. —
H. 5 p.; d. 11 p. 4 l.; h. t. 23 p.

Monument formant un beau milieu, et dont la monture,
d'une composition pleine de goût, a l'avantage de laisser l'a-
mateur à même de juger de la beauté de la matière.

82 — Coupe de trépied à parfum. Porphyre noir et blanc,
porphyre noir antique. Très-rare et belle matière. — Suppor-
tée par trois chimères en bronze, beau style antique. Ornemens br. doré. — H. 4 p. 6 l.; d. 10 p. 6 l ; h. t. 27 p. — m.
14. Pl. X , fig. A.

L'idée de ce trépied, prise sur ceux trouvés à Herculanum,
ne pouvait pas être exécutée avec plus d'élégance qu'elle ne l'a
été par M. Lafontaine fils.

83 — Table carrée. Porph. gris et blanc ant. *porph. amande,*
du plus bel effet. — Ep. 1 p. 4 l.; larg. 19 p. 6 l.; long. 31 p.
6 l. — m. 1.

Ce porphyre est un des plus remarquables de ceux dits antiques, par son bel effet et sa composition.

84 — Table carrée. Porphyre vert, ponctué de blanc ant.
erbetto. Belle et des plus rares matières. — Ep. 1 p.; lar. 18 p.
9 l.; long. 40 p. — m. 3.

Les tables de cette substance difficile à trouver se sont toujours payées de très-hauts prix dans les ventes publiques.

85 — Tablette carrée. Porph. diapré vert-blanc des *Vosges.* Curieux. — Sur piédestal en acajou. — Ep. 10 l. ; larg.
9 p ; long. 15 p. — m. 4.

86 — Deux tables rondes et deux plinthes triangulaires. Porph. vert et blanc , *serpentin antique* le plus beau. — Montées en athéniennes , sur 3 pieds en chimère , style ant. br. doré — Ep. 1 p. 5 l. d. 18 p.; h. t. 35 p. — m. 2. Pl. X , fig B.

Ces deux meubles , par leur monture élégante et la qualité supérieure de leur matière , contribueraient à orner une galerie de premier ordre.

87 — Table.

88 — Table ronde Porph. brun, rouge et blanc-rose , des *Vosges* , très-beau — Montée en lavabo , sur trois pieds de biche en bronze et ornemens dorés. Tablette porphyre rouge-brique , n° 103. — Ep. 10 l. ; d. 18 p. 9 l. ; h. t. 31 p. 6 l. — m. 5.

89 — Deux fûts de colonne. Porph. noir et blanc , *petit serpentin noir*. Précieux par sa rareté et les veines de pétrosilex vertes et roses qui les traversent. — Tors en marbres. — H. 11 p. 9 l. ; d. 5 p. ; h. t. 14 p. — m. 17.

90 — Fût de colonne sur cype carré et vase au-dessus. Monument funèbre. — Porph. violet, de *Suède* , n° 85. — H. 10 p. 6 l. ; d. 2 p. 5 l. ; h. t. 22 p.

91.

92 — Piédestal rond. Porph. *gris et blanc ant*. Variété de celui n° 85. — Tors en marbre. — H. 3 p. ; d. 5 p. 6 l. ; h. t. 5 p. — m. 19.

93 — Bandeau circulaire. Porph. noir et blanc ant. n° 81, au milieu d'un fût de col. jaune de *Sienne*. — H. 5. p. ; d. 7 p 5 l. — m. 24.

94 — Fût de colonne. Porph. brun et vert, *serpentin brun ant*. — Tors en marbre. — H. 6 p. 6 l. ; d. 5 p. ; h. t. 9 p. — m 18.

95 — Grand socle rond , évidé. Variété du porph. rouge ant très-belle. — H. 3 p. 9 l. ; d. 11 p. — m. 23.

96 — Piédestal plaqué. Porphire brun et blanc de *Sibérie*. Superbe. — Tors et ornemens br. doré.—H. 6 p. 9 l. ; d. 5 p.; h. t. 8 p. 6 l. — m. 20.

97 — Deux piédestaux. Porph. beau vert et jaune ant. Belle variété de serpentin — mont. br. doré. — H. 5 p. 3 l. ; d. 4 p.; h. t. 7 p.

98 — Piédestal. Porph. brun et blanc de *Suède*, variété de celui n°. 81. — Moul. br. doré. — H. 4 p. 6 l. ; d. 4 p. 6 l. ; h. t. 6 p. 4 l. — m. 21.

99 — Piédestal. Porph. brun et blanc, *pechstein porph. de Saxe*. Rare et curieux. — H. 2 p. 9 l. ; d. 1 p. 10 l.—m. 26.

100 — Deux socles carrés. Porph. brun et vert, *petit serpentin violet des Vosges*. Charmante matière. — Montures et plinthes en br. doré. — Ep. 1 p. ; d. 4 p. — m. 25.

101 — Socle carré. Porph. rougeâtre et blanc, du *Forêt.* — Ep. 1 p. ; d. 4 p.

102 — Deux plinthes, carré long. Porph. rouge, violet et blanc ant. d'une grande beauté. — Ep. 1 p. 4 l ; larg. 4 p. 9 l. ; long. 10 p. 6 l. — m. 28,

103 — Plinthe ronde. Porph. rouge de brique ant. à taches blanches. *Voy.* la coupe de lave, n° 122. — Ep. 1 p. 3. l. ; d. 9 p. — m. 30.

104 — Neuf socles et plinthes décrits au catalogue raisonné, offrant des variétés de porphyre importantes. — m. 27, 29, 31, 33.

AMYGDALOÏDE. — *Roche amygdaloïde.*

105 — Pyramide triangulaire. Amygdaloïde brune à gros noyaux zonaires et rayonnés rouge clair, dite *porphire globulaire de Corse.* — Posée sur 3 sphinx, et fleur de Lotus au sommet. Br. doré. — H. 9 p 6 l. ; d. 5 p 6 l. h. t. 12 p. 6 l. — m. 1.

106 — Piédestal. Amygdal. verte, à taches vert blanc, du cours de la Durance. — H. 3 p. 6 l. ; d. 2 p. 3 l.

107 — Plinthe. Piédestal. Amygd. brune, à taches blan—

ches et vertes, du cours de Drac. —— Ep. 1 p.; long. 4 p.; larg. 3 p.

BRÈCHE DURE, POUDINGUE ET GRÈS. —— *Agrégat, Grès et Poudingue.* —— Mus. p. 247.

108 —— Deux colonnes tronquées. Brèche rouge et verte, superbe, dite *universelle rouge*, analogue à celle universelle d'*Egypte*. — Tors en granit, *feuille morte des Vosges.* —. H. 40 p. 6 l.; d. 13 p. ; h. t. 47 p. — m. 3.

Deux morceaux d'une substance aussi particulière seront sans doute remarqués par les amateurs instruits, qui n'auront pas occasion de rencontrer une seconde fois de pareilles pièces.

109 — Deux colonnes doriques. Brèche verte, à fragmens d'autres couleurs, *brèche universelle verte* d'Egypte. — Tors et chapitaux en bronze doré. — H. 25 p. 6 l. ; d. 3 p. 9 l. ; h. t. 29 p. 6 l. — m. 4.

110 — Colonne tronquée. Brèche grise diaprée de ses nuances. Ant. Pâte fine. — Tors br. doré. — H. 15 p. 5 l. ; d. 3 p.

110 *bis.* — Statue d'Isis accroupie, les mains croisées sur ses genoux, en avant le petit Osiris, avec des hiéroglyphes. Grès rougeâtre à grains très-fins et très-serrés. — H. 21 p ; larg. 12 p. 6. l. h. t. 28 p.

Cette statue a toujours été regardée comme un des monumens les plus précieux rapportés de l'expédition d'Egypte, tant par sa haute antiquité que par son grand volume, sa conservation parfaite, etsa matière qui n'était pas d'un emploi ordinaire dans ces sortes de monumens.

111 — Vase forme d'œuf. Brèche beau vert, diaprée d'autres couleurs la plus belle qualité de la *brèche universelle* d'Egypte. Matière magnifique. — Anses et ornemens bronze doré. — H. 12 p.; d. 8 p. 3 l. — m. 5.

Les beaux monumens de cette substance, trouvée en Egypte, annoncent qu'elle était autant appréciée par les anciens qu'elle l'est par les modernes.

112 — Vase forme libatoire. Brèche rouge et blanche, superbe, dite *cailloux de Rennes.* — Pieds goulettes et anses

bronze doré Pendant de celui n° 10 en granit. — H. 17 p. ;
d. 4 p 3 l. — m. 6.

113 — Coupe évidée à 8 pans Grès blanc diapré de rouge,
de *Sibérie*. — Montée sur 4 dauphins en br doré. — H. 2
p. 6 l.; d. 4 p. ; h. t. 5 p. — m. 7. Pl. VII, fig. B.

114 — Petite table. Brèche diaprée dans les nuances vertes
brèche verte des Vosges. — Montée en acajou, ornem. br.
doré. — Ep. 1 p. 2 l. ; larg. 12 p. 9 l. ; long. 22 p. — m. 1.

115 — Tablette carrée. Brèche verte, à petits traits. Variété de la *brèche universelle d'Egypte*. — Sur grand piédestal en acajou. — Ep. 9 l. ; larg. 9 p ; long. 13 p. 6 l. — m. 2.

116 — Deux plateaux octogones. Poudingue gris, violet
et brun très-beau, d'*Angleterre*. — Moul. br. doré. — Ep.
1 p.; larg. 6 p ; long 8 p. 3 l. — m. 8

117 — Socle carré. Poudingue blanc et noir. Magnifique
en tout. — Moul. br. doré. — Ep. 1 p. 2 l. ; d. 4 p. 3 l. —
m. 9.

LAVE ET OBSIDIENNE. — *Lave lithoïde*, *Lave vitreuse*. — Mus. p. 249.

118 — Deux vases à anses, forme étrusque. Lave porphyritique gris , noir et blanc, avec amphigène, du Vésuve. Très-
belle matière. — H. 12 p. ; d. 6 p. — 2.
Deux échantillons marquans de cette substance volcanique.

119 — Vase à anses , forme étrusque. L. porphyritique
à petits grains , variété de celle ci-dessus. — H. 13 p. ; d.
7 p. 9 l. — m. 3.

120 — Deux vases à anses , forme libatoire étrusque. Le
corps du vase sculpté en gaudron. Bon travail. — Autre belle
variété des précédentes. — H. 11 p. ; d. 4 p. 4 l. — m. 4.

121 — Deux vases forme d'urne , à couvercle. — Lave
granitique brune et jaune, de *Frascati*, avec quelques cristaux
chatoyant en jaune d'or. — H. 9 p. 6 l. ; d. 3 p. 4 l.
— m. 8.

122 — Vasque. Lave trapéenne noire, dit *basalte*, *de l'Etna*. — Objet placé sur trois atlas en bronze. Ornem. br. doré. Socle en porph. rouge du n° 103. Cype marbre noir. — H. 2 p. 8 l. ; d. 4 p. 6. l. ; h. t. 14 p. — m. 5. Pl. VI , fig. D.

Cette lave ne doit pas se confondre avec le basalte noir antique ; mais elle en approche par sa couleur et par sa dureté ; la dimension de ce morceau est à remarquer.

123 — Petit vase cinéraire. Brêche obsidienne noire et chaux carbonatée blanche , du *Val di Noto* , en Sicile. — Fait partie du monument du n° 90. — H. 4 p. 6 l. ; d. 2 p. 6 l.

124 — Coupe ronde à pied. Lave porphyritique , gris foncé et blanc , du *Vésuve*. — H. 6 p. 6 l. ; d. 9 p. — m. 6.

125 — Coupe ovale à pied. Lave porphyritique gris-violet , du *Vésuve*. Charmante variété. — H. 3 p. 6 l. ; larg. 4 p. 5 l. ; long. 6 p. 6. l. — m. 7.

126 — Petite coupe. Lave vitreuse obsidienne noire, transparente , sur trépied doré. — H. 9 l. ; d. 5 p. ; h. t. 2 p. 9 l.

127 — Miroir orbiculaire et convexe. Lave vitreuse noire, *obsidienne d'Islande*. — Ce miroir rappelle ceux des anciens Péruviens ; il donne une teinte vive et nette aux objets qui s'y peignent. — D. 5 p. 6 l.

128 — Plaque carrée , sur laquelle est écrit, en relief : *Mémoriæ deodati Dolomieu galli* MDCCCV ; et au revers : *C. Thompson anglus suum cuique* , avec le dessin du Vésuve. Le docteur Thompson l'a mode é au moyen d'un gaufrier gravé, en saisissant la lave fluide dans le courant de l'éruption du Vésuve de 1803. — Ep. 8 l. ; larg. 4 p. 6 l. ; long. 7 p. 6 l. — m. 10.

128 *bis*. — Médaille à chiffre sur les deux côtés , obtenue de la même manière , en 1809. — Larg. 2 p. 6 l.

129 — Table carrée. Mosaïque formée de plaques des laves et pierres du Vésuve , enlacées par des anneaux de marbre rouge et jaune antique et incrustées dans une table de marbre blanc. — Ep. 1 p. 2 l. ; larg. 24 p. ; long. 48 p. — m. 14.

Cette table se distingue des autres de ce genre par son in—

crustation dans le marbre et par les enlacemens qui sont en matière antique.

130 — Deux fûts de colonne roche diaprée vert et blanc, et micacée, rejetée par le *Vésuve*. Substance brillante. — Tors br. doré. — H. 6 p. 8 l. ; d. 3 p. 3 l. ; h. t. 8 p. 6 l. — m. 11.

131 — Plinthe carré. Lave brune noire, dite *Selce romano*, de Rome. — Ep. 9 l. ; d. 5 p.

132 — Plinthe ronde. Brèche volcanique diaprée de rouge, de blanc et de brun, du *Val di Noto*, en Sicile. — Ep. 10 l. ; d. 5 p. 8 l.

133 — Quatre socles ou plinthes non décrits. De moindre importance.

LAPIS LAZULI. — *Lazulite*. — Mus. p. 253.

134 — Vase libatoire massif. Lapis beau bleu un peu moucheté en blanc. Ornemens riches, br. doré. — Piédestal même lapis plaqué. Pendant du vase en pierre des Amazones, n° 148. — H. 8 p. 6 l. ; d. 2 p. 9 l. ; h, t. 12 p. 3 l. — m. 1. Pl. VIII, fig. B.

Ce vase, d'une matière si éclatante, est monté avec toute l'élégance et à la fois la sévérité des formes antiques. Il fait pendant à celui décrit sous le n° 148. Nous croyons qu'il est difficile de produire deux pièces de meilleur goût, plus curieuses sous le rapport de l'art et du plus bel ornement, soit qu'elles fassent partie d'un cabinet précieux, soit qu'on les destine au décor d'un riche appartement.

135 — Coupe sur trépieds, forme antique, petit vase au-dessous. Les pieds et socles plaqués en même lapis avec br. doré. — H. 2 p. 3 l. ; d. 4 p. 10 l. ; h. t. 9 p. 5 l. — m. 2. Pl. VIII, fig. E.

L'élégance et la jolie forme de ce petit trépied le mettent aussi au nombre de ces objets qui réunissent à la fois le goût et la magnificence.

136 — Cinq grandes plaques ovales. Lapis bleu de ciel et blanc, très-beau. — Disposées pour faire les panneaux d'un coffret en br. doré. — Pendant du coffret malachite, n° 359. — D. 5 p. 6 l. à 5 p.

137. Lapis bleu foncé , avec pyrites jaunes. — Variété de lapis sombre , et d'un moins beau poli. — Ornement br. doré.

JADE ET PIERRE NÉPHRÉTIQUE. — *Pétrosilex , Feld spath compact jadien.* — Mus. p. 253.

138 — Idole difforme , des *îles de la mer du Sud.* — Jade beau vert. Curieux. — H. 4 p. 10 l. — m. 5.

139 — Deux coupes rondes , entourées de branchages et chimères à jour. Travail très-délicat , des *Indes.* — Jade blanc , beau , monté sur figures en br. — H. 2 p. ; long. 4 p. 6 l. ; h. t. 5 p. — m. 1.

On peut regarder, comme un tour de force des Indiens , leur travail sur une matière aussi dure et leur patience à parvenir à la travailler sans accident. Ces deux pièces proviennent du cabinet de feu M. Aubert.

140 — Coupe forme coquille sculptée. Charmant travail. — Jade blanc très-beau , des *Indes.* — H. 1 p. 2 l. ; larg. 3 p. 4 l. ; long. 4 p. 5 l. — m. 5.

141 — Deux coupes rondes. Anses et branchages déliés. — Jade vert clair. — H. 1 p. 8 l. ; d. 2 p. 4 l. ; h. t. 4 p. 6 l. — m. 2.

142 — Coupe.

143 — Soucoupe à bord gaudronnée. Jade vert foncé. — Pierre *néphrétique.* Rare. — D. 6 p. 6 l. — m. 4.

144 — Hache américaine. Jade gros vert jaunâtre , *vraie pierre des Amazones.* — Larg. 2 p. 7 l. ; long. 7 p. — m. 6.

145 — Reptile. Travail indien. Jade blanc-vert. — m. 7.

146 — Socle rond. Jade vert diapré de noir. — Pierre *néphrétique.* — Tors br. doré. — H. 1 p. 2 l. ; d. 3 p. 6 l. — m. 8.

PIERRE DES AMAZONES ET LABRADOR. — *Feld-spath vert et feld spath chatoyant opalin.* — Mus. p. 24.

148 — Vase libatoire élégant. Feld-spath vert chatoyant

Très-beaux ornemens br. doré. — Piédestal plaqué en même feld-spath, pendant de celui de lapis, n° 157. — H. 8 p. 6 l. ; d. 2 p. 9 l. ; h. t. 12 p. 3 l. — m. 1. Pl. VIII, fig. B.

Cette matière dure et d'un ton si agréable, est tellement rare, sur-tout en morceaux un peu gros, qu'elle n'a pu s'employer qu'en bijoux ; c'est assez faire connaître le très-haut prix qu'on y attache.

149 — Vase carré en pyramide renversée. Labrador opalisant en beau bleu. Ornement en bronze doré d'un bel effet. — H. 9 p. 6 l. ; d. 5 p. — m. 2. Pl. VIII, fig. D.

150 — Pendule formée d'un très-gros rocher. Labrador gris opalisant en beau vert et bleu ; d'autres petits blocs opalisant en jaune d'or et en violet, ainsi qu'un beau papillon bleu vif et brun ; et un scarabé vert qui opalisent dans leur couleur naturelle. — La figure du temps roulant la roue des heures, et autres ornemens en beau br. doré. — H. 12 p. ; larg. 17 p. ; h. t. 25 p. 6 l. — m. 3.

Ce meuble, unique en son genre, offre sur toutes les faces, des variétés de couleur plus brillantes les unes que les autres ; il était difficile de tirer un parti plus avantageux de ce beau bloc pour le présenter dans son état naturel et faire jouer à la fois toutes les parties éclatantes dont la matière est accidentée.

151 — Deux boucliers en labrador opalisant les plus belles couleurs, appliqués sur les piédestaux des candelabres de la pendule ci-dessus. — Voyez piédestaux. Lumachelle, n° 301. — Larg. 2 p. 10 l. ; long. 3 p. 4 l. — m. 4.

152 — Table ronde mosaïque. En plaques de labrador le plus parfait, en toutes couleurs. Elles forment une grande étoile, etc., incrustées dans une table de marbre blanc. — Pieds forme d'autel, en acajou, à têtes de bélier, et ornemens en br. doré. — Meuble précieux. — D. 33 p. ; h. t. 29 p. 6 l. — m. 3.

Cette table et les candelabres qui accompagnent la pendule et le vase pyramidale, forment une garniture d'autant plus précieuse que cette belle matière, qui rivalise à juste titre avec l'opale, est ici de la qualité la plus estimée.

153 — Table carrée en deux pièces. Labrador de Norwége opalisant en blanc nacré et argentin très-brillant ; rien n'égale

le bel effet de cette précieuse et unique table. — Monture en racine d'orme avec riches ornemens en br. doré d'un très-bon goût. — Ep. 8 l. ; larg. 13 p. ; long. 20 p. 9 l.

PRÉHNITE. — *Préhnite.* — Mus. pag. 235.

154 — Petit vase libatoire. Préhnite vert clair du *cap de Bonne-Espérance.* — Belle et rare matière. — Monture en bronze doré d'une grande élégance. — H. 6 p. ; d. 1 p. 6 l. — m. 1.

Nous regardons comme objet de grande curiosité, un vase de cette substance.

CRISTAL DE ROCHE. — *Quartz.* — Mus. p. 256.

155 — Vase. Cristal de roche, beau rose de *Sibérie*, matière belle autant que rare. — Anses et ornemens en br doré. — H. 8 p. 6 l. ; d. 2 p. 9 l. — m. 1.

Objet gracieux formant par la variété de sa couleur un milieu agréable entre les n°s 154 et 148.

156 — Grand vase forme sucrier avec couvercle. Quartz incolor pur et parfait, remarquable par sa pureté et son volume. — Monture agréable en argent doré. — H. 6 p. 3 l. ; d. 4 p. 3 l. — m. 2.

157 — Déjeûner composé d'un gobelet, couvercle et soucoupe, de deux caraffes et d'un vase quartz incolor le plus parfait. — Monture des pièces, en or ; sur le plateau de bois pétrifié, n° 195. — m. 3.

158 — Vase ovale forme de coupe profonde à côtés très-concaves, deux dauphins formant les anses. — Quartz incolor limpide. — Sur le corps sont gravées de jolies figures et chimères d'un style plein d'esprit et de grâce, magnifique travail en tout, du 16e siècle. — H. 7 p. ; larg. 6 p. ; long. 12 p. — m. 4.

159 — Coupe à huit pans. Quartz gris-blanc rose avanturiné en jaune d'or. Posée sur quatre dauphins en br. dorés pendant de la coupe de grès, n° 115. — H. 2 p. 6 l. ; d. 4 p. 6 l. ; h. t. 5 p. — m. 5.

160 — Petite coupe ronde. Quartz blanc diapré de bleu et de vert par le cuivre. — Pied br. doré. — H. 1 p. 3 l.; d. 3 p. 8 l.; h. t. 3 p. 3 l. — m. 6.

161 — Coupe ronde. Quartz blanc diapré en vert et violet par le chrôme oxidé. Substance découverte près *Le Creusot*. — Pied bronze doré. — H. 1 p. 6 l.; d. 7 p. — m. 7.

162 — Piédestal carré avec moulures et riches corniches, br. doré. — Les panneaux en quartz violet rubané *améthyste*, superbe. — Ce magnifique socle porte le vase, n° 158. — H. 6 p. 3 l.; larg. 7 p.; long. 7 p. 9 l. — m. 8.

161 — Petit lion, travail chinois. Quartz incolor sur un fût de colonne en calcédoine blanc auquel il adhère. — Réunion curieuse du quartz et de la calcédoine. — H. t. 3. p. 3 l. — m. 9.

SILEX. — *Silex.* — Mus. pag. 257.

162 — Vase alongé. Silex à veines contournées, couleur sard. sur fond jaune très-beau, anses et ornemens en br. doré. — H. 12 p.; d. 4 p. — m. 1.

163 — Socle carré. Silex gris à dessins contournés et œillé de blanc, du Hâvre.

AGATE. — *Silex Agate.* — Mus. p. 257.

Nota. Nous ne signalerons aucun des objets désignés dans cet article *Agate.* Il sera facile de voir que chaque pièce offre une variété et un beau choix de la plupart de ces matières. Tous les objets sont conservés et la plupart montées avec goût.

164 — Tasse forme gobelet. Agate orientale, sardoine, claire, soyeuse et mamelonnée. Magnifique et rare par sa beauté. — H. p. 3 l.; 3 p. 3 l. — m. 1.

165 — Tasse et soucoupe. Calcédoine orientale blanche et mamelonnée parfaite. — *Tasse*, d. 2 p. 10 l. — m. 2.

166 — Tasse et soucoupe. Agate orientale sard. à nuages plus foncés. Superbe. — *Tasse*, d. 3 p. — m. 3.

167 — Deux tasses avec couvercles. Agate orientale blan-

che , quelques veines sard. très-belles. — Montées agréablement avec deux anses en bronze doré. Elles proviennent du célèbre cabinet de feu M. Van Horn. — H. 2 p. 3 l. ; d. 3 p. 9 l. — m. 4.

168 — Petite tasse à anses et soucoupe. — Cornal. d'un très-beau rouge. Objet rare. — *Tasse*, d. 1 p. 10 l. — m. 5.

169 — Petite tasse et soucoupe en cornaline beau rouge. — *Tasse*, d. 1 p. 7 l. — m. 6.

170 — Tasse agate orientale blanc fouetté de rouge très-agréable. — H. 1 p. 5 l. ; d. 5. p. 2 l. — m. 7.

171 — Flacon forme bouteille. Cornal. rouge diaprée de blanc , magnifique. — Fermeture en or. Ce bijou précieux a servi de tabatière au grand Condé. — H. 3 p. ; d. 1 p. 9 l. — m. 11.

172 — Coupe ovale. Calcédoine blanc diapré de sardoine très-belle. — H. 1 p. 1 l. ; larg. 1 p. 1 l. ; long. 2 p. — m. 10.

173 — Coupe ovale. Agate violette diaprée en blanc , d'*Allemagne*. — H. 1 p. 9 l. ; larg. 3 p. 7 l. ; long. 4 p. — m. 8.

174 — Coupe ovale et soucoupe. Agate blanc-violet diaprée d'*Allemagne. Coupe.* H. 2 p. ; larg. 3 p. 6 l. ; long. 6 p. — m. 9.

JASPE ET JASPE-AGATE. — *Jaspe et agate jaspée.* — Mus. pag. 259.

175 — Pendule forme de piédestal. Jaspe rouge diaprée de blanc , superbe , dit *jaspe fleuri de Sicile.* — Ornée de bronzes dorés. La coupe de jaspe agate, n°. 179, est posée dessus. — H. 14 p. 6 l. ; larg. 9 p. 8 l. ; h. t. 17 p. 6 l. — m. 6 ; pl. VII , fig. D.

Cet article qui se recommande de lui-même par le séduisant aspect de ce jaspe fleuri, le plus beau connu, forme un monument d'un goût si parfait qu'il n'est aucun amateur curieux qui n'en ait désiré la possession. Nous voyons réunis à la fois sur ce meuble agréable le précieux de la matière, l'élégance et le fini de son exécution. Son utilité journalière ajoute encore à son mérite; cette pendule est parfaitement accompagnée par les deux candelabres à piédestaux de granit désignés sous le n°. 18.

176 — Deux vases. Jaspe rubané rouge, brun et beau vert; matière précieuse de *Sibérie*. — H.   d.   — m. 1.

177 — ..... forme gobelet. Jaspe vert tacheté de rouge, *jaspe* ..... Superbe objet. — H. 5 p. 5 l.; d. 5 p. 5 l.— m. 2.

178 — Coupe forme de tortue. Jaspe noir veiné de filets blanc, *de Sicile*. — Objet curieux. — H. 1 p. 7 l.; larg 2 p. 4 l.; long. 5 p. 3 l. — m. 3.

179 — Coupe ovale. Jaspe agate blanc persillé de filets gris et bruns. — Elle est placée sur la pendule de jaspe fleuri, n° 175.—H. 1 p. 4 l.; larg. 5 p. 6 l.; long 4 p 6 l. — m. 4.

180 — Coupe ronde. Jaspe agate blanc-rosé, opaque à noyaux gris d'*Oberstein*. — H. 1 p. 4 l.; d. 5 p. 6 l. — m. 5.

180 *bis*. — Tableau représentant un paysage avec des personnages en pierres de rapport, agate ou jaspe. Cadre bronze doré. — H. 7 p. 9 l.; larg. 10 p. 6 l.

Ces ouvrages faits à Florence ont toujours eu une grande valeur, sur-tout quand ils sont établis en matière dure et d'une aussi jolie composition que ce tableau.

181 — Fût de colonne. Jaspe noir un peu veiné en jaune et blanc. Rare. — Tors br. doré. — H. 7 p. 9 l.; d. 4 p.; h. t. 10 p. — m. 7.

182 — Fût de col. Jaspe agate jaune veiné de blanc, de *Sicile*. — Tors bronze doré. — H. 4 p. 10 l.; d. 5 p. 6 l.; h. t. 6 p 8 l. — m. 8.

183 — Piédestal rond. Jaspe agate rouge, blanc et gris.— Tors et corniche br. doré. — H. 2 p 5 l.; d. 2 p. — m. 9.

184 — Piédestal carré. Jaspe agate diaprée, blanc rouge et jaune, de *Sicile*. — Moulure br. doré. — H. 4 p.; d. 2 p. 4 l.; h. t. 5 p. — m. 10.

185 — Piédestal carré plaqué. Jaspe rubané rouge et vert superbe, de *Sibérie*. — Moulure br. doré. — H. 2 p. 9 l.; d. 4 p 5 l.; h. t. 4 p. — m. 11.

186 — Piédestal. Jaspe rubané rouge et blanc, de *Sibérie*.
— Moulure br. doré. — H. 2 p. 4 l. ; d. 2 p. ; h. t. 3 p. 6 l. —
m. 12.

187 — Piédestal pyramidal. Jaspe jaune à taches noires.
Jaspe tigré. — Moulure br. doré. — H. 3 p. 3 l. ; d. 2 p. 4 l.
— m. 13.

188 — Serre papier hexagone. Jaspe diaprée vert, blanc
et rouge. *Jaspe vert fleuri*. — Ep. 9 l. ; larg. 3 p. 4 l. ; loug.
6 p. — m. 17.

189 — Socle rond. Jaspe rubané en vert nuancé, de *Sibérie*.
— Tors br. doré. — Ep. 1 p. 2 l. ; d. 3 p. 6 l. — m. 14.

189 *bis*. — Deux socles ou plinthes de diverses formes
et variétés de jaspe décrits. — m. 15 , 16.

190 — Deux autres socles ou plinthes de diverses variétés,
non décrits dans le *Catalogue du Musée*. — m. 18.

191 — Trois autres socles ou plinthes de diverses variétés,
non décrits.

BOIS PÉTRIFIÉ. — Mus. pag. 262.

192 — Vase forme ovoïde alongée. Bois pétrifié veiné
rouge et blanc très-beau. — Anses et ornemens br. dorés du
meilleur goût. Morceau rare et précieux. — H.   d. 6 p. —
m. 1.

193 — Plateau rond. Tranche horizontale d'un palmier
pétrifié de *Hongrie*. Précieux morceau sous tous les rapports.
— Riche monture en bronze doré. Il porte le déjeuner en cristal, n° 157. — D. 11 p. 6 l. — m. 2. Pl. VI, fig. B.

On a vu paraître en bijoux et vendre à des prix exorbitans
ce beau palmier pétrifié de Hongrie. Ce plateau est une tranche circulaire complète du corps de l'arbre.

194 — Deux plateaux à 8 pans. Bois pétrifié noueux et
diapré de brun , rouge et blanc d'un très-bel effet. — Monture br. doré. — Ep. 5 p. ; larg. 6 p. 4 l. ; loug. 9 p. 3 l. —
m. 3.

195 — Deux flambeaux à colonne cannelée et pied carré.

Bois Pétrifié veiné en brun, gris et blanc. — Montés élégamment en bronze doré. — H. 7 p. 3 l. — m. 4.

196 — Piédestal plaqué. Bois pétrifié veiné blanc et rouge; beau. — Monture br. doré. — H. 5 p.; d. 3 p. 6 l.; h. t. 6 p. 3 l. — m. 5.

197 — Socle ovale. Tronc de palmier encore entouré de son écorse. Curieux. — H. 3 p. 4 l.; larg. 3 p. 2 l.; long. 6 p. 6 l. — m. 6.

DEUXIEME SECTION.

MATIERES TENDRES.

§. Ier. Matières terreuses ne faisant pas effervescences avec les acides.

STÉATITE ET PIERTE DE LARD. — *Stéatite*, *talc.* — Mus. pag. 263.

198 — Deux figures chinoises drapées. Stéatite versicolor, de *Chine*. Grand volume. — H. 13 p.; h. t. 15 p. 6 l.

199 — Six magots ou pagodes d'un beau choix. Stéatite de couleurs différentes mais homogènes.

200 — Groupe formant paysage, avec petits personnages, travaillé à jour. Stéatite rose. — H. 4 p. 6 l.; long. 9 p. 9 l.

201 — Groupe de branchage et d'oiseaux, travaillé à jour. Stéatite beau rose de *Chine*. — H. 3 p.; larg. 4 p. — m. 5.

202 — Instrument chinois, forme d'équerre, bien sculpté. Stéatite beau vert, aspect du jade. — H. 6 p.; et 8 p. de coté. — m. 8.

202 *bis.* — Sceptre chinois enlacé par des branches sculptées et détachées avec légéreté. Stéatite verte très-belle. long. 14 p. 6 l.; larg. 3 p. 6 l.

203 — Autel à sacrifice, copie exacte d'un autel grec d'Athènes. — Stéat. rose clair à taches brunes et vertes très-belles,

de *Corse*. — Gradins en marbre vert compan, ornemens. br. doré. — H. 5 p. 3 l.; d. 2 p. 6 l. — m. 7.

204 — Deux coupes rondes. Stéatite rose, variété du n° 203 de *Corse*. — Pied br. doré. — H. 2 p.; d. 8 p. 9 l.; h. t. 5 p. 9 l. — m. 1.

205 — Cuvette à anses et anneaux mobiles, forme antique. Stéatite vert jaune translucide. — H. 2 p.; d. 5 p. — m. 2.

206 — Boîte à thé sculptée agréablement. Stéatite fond blanc diapré de rouge, vert, etc. — H. 5 p. 6 l.; ép. 2 p. 6 l.; larg. 5 p. — m. 4.

207 — Deux tasses, soucoupes, pot au lait et sucrier. — Stéat. vert translucide de *Corse*. — m. 3.

208 — Piédestal. Roche Stéatiteuse, dure, verte diaprée de rose et de blanc. Rare et belle. — Monture bronze doré. — H. 4 p. 3 l.; d. 2 p. 6 l.; h. t. 5 p. 6 l. — m. 9.

STÉATITE SCHISTEUSE. — *Stéatite schisteuse.* — Mus. pag. 264.

209 — Grand tableau représentant un paysage. Travail chinois en relief. Stéatite schisteuse de *Chine* à 5 couches, violette, verte, blanche et verte sur fond violet. On a tiré parti des couleurs pour les objets représenté sur ce camée très-précieux. — Le nombre des couches, la pureté et la grande dimension de ce camée le mettent au-dessus de tout ce qui est connu en objets de cette espèce. — H. 20 p.; larg. 14. p. — m. 1.

SERPENTINE ET PIERRE OLLAIRE. — *Serpentine et roche serpentineuse.* — Mus. pag. 265.

210 — Petite statue égyptienne d'Osiris debout. Serpentine vert sombre d'*Égypte*. — H. 8 p. 3 l. — m. 10.

211 — Bas relief égyptien. On y voit Osiris avec beaucoup de sujets et de signes mystiques. Des hiéroglyphes sont au revers. Très-curieux. Serpentine vert noir. — H. 5 p.; larg. 5 p. — m. 11.

(3o)

212 — Déesse Isis assise, le dieu Osiris sur ses genoux. Travail égyptien curieux et bien conservé. — Serpentine brun noir. — H. 6 p. 5 l.

Ces trois objets n° 210, 211 et 212; seront sans doute remarqués par les amateurs d'antiquités.

213 — Une idole difforme. Serpentine vert noir. — Ouvrage des nègres d'*Afrique*. — H. 7 p. 6 l.; d. 4 p. — m. 9.

214 — Vasque carrée à pied, copie exacte d'une belle vasque antique. Les quatre cicognes des angles et les autres sculptures parfaites. Serpentine, vert et brun de *Toscane*. — H. 9 p.; d. 9 p. 6 l.

L'exactitude et la finesse du travail recommandent ce vase d'une forme peu commune.

215 — Deux vases à anses. Serpentine dure porphyritique, vert foncé à grains blancs. — Charmante forme et matière.— H. 9 p.; d. 4 p. — m. 3.

216 — Deux cuves ou baignoires ovales, forme antique avec anneaux. Serpentine verte diaprée, et œillée en blanc; montées sur 4 mascarons bronze doré. — H. 3 p. 3 l.; larg. 6 p. 9 l.; long. 13 p. 8 l. — m 5.

Cette matière est une des plus belles variétés des serpentines employées.

217 — Deux vases cassolette à anses. Serpentine vert œillé en blanc, de *Toscane*. Belle. — H. 5 p.; d. 5 p. 9 l. — m. 4.

218 — Coupe. Serpentine verte, avec diallage chatoyant en jaune d'or. — H. 1 p. 6 l.; d. 3 p. 4 l.. — m. 6.

219 — Trois tasse , soucoupes, bol et cafetière. Serp. verte de plusieurs variétés, de *Zoëblitz en Saxe*. — m. 7.

220 — Quatre marmites l'une dans l'autre. Serpentine verte et grise, dite *pierre ollaire et de Côme*. — m. 8.

221 — Table carrée. Serpentine vert foncé et nuancée, dite *vert poireau ant*. Rare et précieuse.—Ep. 1 p. 2 l.; larg.

g. 40 p. — m. 1.

222 — Deux tablettes plaquées. Serp. de *Corse*, l'une plus grande, brune et verte avanturinée en jaune d'or , l'autre

rubanée verte et brune , à dessins contournés. — La première.
Larg. 10 p. 6 l. ; long. 18 p. — m. 2.

223 — Deux piédestaux. Serpentine porphyritique vert
foncé , à lames de diallage, opalisant en blanc d'argent brillant. Très-belle matière. — Monture bronze doré. — H. 6 p.
3 l. ; d. 4 p. 6 l. ; h. t. 7 p. 9 l. — m. 12.

224 — Deux piédestaux carrés. Serpentine porphyritique.
Variété de la précédente. — H. 7 p. 2 l. ; long. 7 p. 9 l. ; larg.
6 p. 2 l. — m. 13.

225 — Socle carré. Serpentine jaune vert, à veines et
taches vert-foncé. Belle. — Ep. 4 p. 6 l. ; d. 4 p. 6 l. — m. 14.

ROCHE D'ASBESTE. — Mus. p. 267.

226 — Méta ou colonne de cirque. Roche d'asbeste verte,
fibreuse et soyeuse. Morceau rare. — Piédestal serpentine
verte soyeuse. Figures et couronnes en bronze doré sur le
méta. — H. 20 p. ; d. 3 p. 6 l. — m. 1. Pl. VI, fig. C.
L'effet soyeux de l'asbeste et la forme copiée de l'antique
doivent faire remarquer ce monument.

227 — Piédestal plaqué. Roche asbestoïde, rubané de
blanc et de vert nuancé , soyeux et brillant , d'un charmant
effet. — H. 4 p. 3 l. ; d. 2 p. 4 l. ; h. t. 5 p. 6 l. — m. 2.

SPATH FLUOR ou ALBATRE VITREUX. — *Chaux fluatée*. — Mus. pag. 268.

228 — Vase forme d'urne bien évidé. — Spath fluor , beau
bleu foncé, nuancé, du *Derbyshire*. — H. 11 p. 6 l. ; d. 6 p.
3 l. — m. 1.
Cette unité de teinte sur-tout dans cette couleur est une des
qualités rares de cette matière.

229 — Coupe à pied, bord en corde. Spath fluor, violet
et blanc chatoyant, la plus belle qualité — H. 3 p. 6 l. ; d.
7 p. 6 l. — m. 2.

230 — Coupe à pied. Chaux fluatée, diaprée de bleu , de

pourpre, de blanc, etc. Qualité rare. — H. 2 p. 9 l.; d. 4 p. 4 l. — m. 3.

ALBATRE GYPSEUX. — *Chaux sulfatée compacte; Gypse compacte.* — Mus. pag. 268.

231 — Lampe, forme de coupe, sculptée. Albâtre gypseux, beau blanc, translucide de *Volterra.* — Chaînes et ornemens en bronze doré. — H. 10 p.; d. 12 p. — m. 1.

232 — Petite statue de Cérès avec un enfant. Travail des bas temps. Albâtre gypseux de *Volterra.* — H. 11 p.

233 — Sallière ovale, portée par deux figures. Travail du 16e siècle. Albâtre *idem.*—H. 2 p. 10 l.; larg. 2 p. 7 l.; long. 5 p. 4 l.

§. II. Matière terreuse faisant effervescence avec les acides.

MARBRE SALIN ou MARBRE STATUAIRE. — *Chaux Carbonatée saccharoide.* — Mus. pag. 269.

234 — Statue antique. — m. 6.

235 — Groupe de Bacchus et d'Ariane. Marbre blanc de *Carare.* — H. 20 p.; d. 9 p. 6 l. — m. 8.
Groupe joli et gracieux exécuté par M. Lange artiste distingué, chargé depuis long-temps de restaurer les belles statues du Muséum.

236 — Buste antique. Marbre salin de *Paros.* Beau travail. —H. 15 p. — m. 5.

237 — Buste antique, grec, d'une divinité, un peu plus grande que nature, avec différens attributs qui la rangent parmi les têtes dites Panthées. — Marbre de Paros.
Nous pouvons dire en toute assurance, qu'il n'est aucun Musée de Souverain où cette pièce ne puisse être mise au rang des objets les plus remarquables de l'antiquité; elle a, en outre, le mérite d'être d'une grande conservation.

237 *bis.* — Buste de Bacchus Indien, le nez restauré, ou-

vrage ancien. — Marbre salin dit Pentélique. — H. 14 p. 6
l. ; d. 7 p. 6 l.

258 — Tête antique , sujet inconnu , ouvrage basilidien
curieux. — Marbre blanc de Paros.

Ces deux têtes, sans ê re d'un travail très-précieux , tiennent
leur rang dans la collection comme objets de comparaison pour
les ouvrages de l'art à différentes époques.

259 — Urne cinéraire carrée, à couvercle; sculpture et travail ant. avec inscription. — Marbre salin blanc , dit *Pentélique*. — H. 20 p. ; larg. 10 p. ; long. 14 p. — m. 4.

Ce monument antique auquel on a fait peu de restaurations
est remarquable par le beau stvie et la légèreté du travail de
la sculpture; il porte pour inscription :

D. M. L. Aurelius. Terentius. Sibi. et C. Ti.herne. Sua.

240 — Deux vases à anses. Marbre salin, rubané de blanc
et bleu noir , dit *Bardiglio* , très-beau. — H. 15 p. ; d. 8 p.
— m. 3.

241 — Table ronde à bord relevé. Marbre salin , veiné de
gris-bleu , dit *Bleu antique*. — Ep. 1 p. ; d. 19 p. 6 l. —
m. 1.

242 — Table carrée. Marbre salin , blanc-gris rubané de
vert, dit *Cipolin ant.*, très-beau. — Ep. 1 p. 2 l. ; larg.
23 p. 9 l. ; long. 52 p. 6 l. — m. 2.

245 — Grande plinthe carrée. Marbre variété du *Cipolin* , n° 242. — Ep. 1 p. 8 l. ; larg. 15 p. 5 l. — m. 9.

244 — Vase , forme corbeille , avec couvercle conique ,
et orné de sculpture très en relief , *cistus* des anciens. Travail
antique grec. — Marbre salin blanc , dit *marbre grec dur*. —
H. 17 p. 6 l. ; d. 15 p.

Cet article de la plus haute importance , sera sans doute apprécié des curieux et des savans. Les recherches que nous
avons faites, nous portent à affirmer que les antiquaires n'ont
encore ni connu, ni décrit aucun vase de la forme de celui-
ci. Cette forme n'existe que sur les anciennes médailles grecques ; on sait encore que ces vases se nommaient *cistus* et pa-
raissaient consacrés au culte de Bacchus ; aussi ce vase est-il
regardé comme un objet d'antiquité des plus précieux.

245 — Vase , forme d'urne , à anses orné de sculptures , les plus élégantes. Travail antique romain du plus beau temps. — Marbre salin beau blanc. — H. 18 p. ; d. 11 p.

MARBRE. — *Calcaire polissable , argilo-ferrifère ; chaux carbonatée; pierre calcaire compacte et commune.* — Mus. pag. 270.

246 — **Deux colonnes et piédestaux ; copies des colonnes** Trajane et Antonine, sans les bas-reliefs. Statues de bronze doré au-dessus. — Marbre beau rouge brun , dit *rouge ant.* — H. 17 p. 6 l. ; d. 2 p. 3 l. ; h. t. 26 p. — m. 5.

Il manque à ces deux monumens, d'une jolie proportion , les bas-reliefs , dont les deux colonnes originales sont ornées ; mais les lignes spirales sont tracées , et la beauté du rouge antique donnent à ces copies une double valeur.

247 — **Deux colonnes corinthiennes cannelées.** Marbre jaune pâle , dit *jaune ant. fleuri.* Chapitaux sculptés ; base en rouge ant. Piédestal marbre blanc plaqué en granitelle. — Des statues d'argent au-dessus des colonnes. — H. 15 p. ; d. 1 p. 9 l. ; h. t. 28 p. — m. 6.

Ces deux jolies colonnes , copies de celles de l'ancien temple de la Paix à Rome , sont d'une délicatesse de travail qui les fera sans doute apprécier.

248 — **Statue termale d'un jeune faune , du plus beau** travail ant. — Marbre *rouge ant.* de la couleur la plus belle et la plus égale. — Socle du Terme en porph. rouge ant. — H. 48 p. — m. 8. Pl. XII, f. A.

On ne compte que quatre ou cinq statues antiques en cette précieuse matière , qui aient un mérite extraordinaire. Cette statue de faune, outre la qualité du rouge antique, à été toujours mise au rang des objets les plus capitaux par la beauté du style, le fini et le beau caractère de vie qu'on y retrouve. Nous n'hésitons pas à signaler cet article comme un des plus importans de cette belle collection ; il est digne du Musée d'un Souverain. La tête , quoiqu'ayant été replacée , est intacte et n'a rien de restauré.

249 — **Deux petites statues , l'une copie de l'Antinoüs**

égyptien, l'autre d'un prêtre égyptien debout, portant une tablette ; marbre rouge ant. le plus beau. — Beau travail. — H.
11 p. 6 l. — m. 7.

250 — Deux bustes, style égyptien, sur gaîne. Marbre
jaune-rose, dit *jaune ant.* le plus beau. — Gaîne marbre
noir ant. — H. 5 p. ; h. t. 20 p.

251 — Une chèvre unicorne ayant à son côté un fragment
du timon du bige auquel elle était attelée. — Marbre noir, dit
Paragon ant. — H. 14 p. ; long. 14 p. 6 l. — m. 10.

Cette chèvre, dans l'attitude du galop, est soutenue par un
tronc de palmier de marbre rouge antique. Elle se distingue
par le style et le faire des beaux temps de l'art ; elle a toujours
captivé l'attention des antiquaires. Les deux jambes de derrière ont été habilement rejointes.

252 — Petite statue, travail des sauvages, grossier. Pierre
calcaire argileuse, grise. — H. 11 p. — m. 9.

253 — Cavalier en bas-relief, représentant un chevalier
français avec ces lettres : C. M. N. D. G. D. F. en creux. Travail des bas temps. — Long. 10 p. ; larg. 9 p.

254 — Sarcophage, copie de celui de Scipion l'Africain.
Sculpture parfaite. — Marbre jaune antique, belle qualité. —
Long. 12 p. 6 l. ; larg. 5 p. ; h. 7 p. 6 l.

Monument qui doit fixer l'attention par sa matière et son
joli travail.

255 — Trépied.

256 — Coupe à pied, belle sculpture. Marbre blanc, opaque, dit *Palombino ant.* très-rare. — H. 8 p. ; d. 11 p.

257 — Table carrée. Marbre noir diapré de jaune, dit
Portor de *Porto Venere*, très-beau. — Ep. 1 p. 3 l. ; larg.
20 p. 6 l. ; long. 40 p. 6 l. — m. 1.

258 — Table demi - circulaire. Marbre rubané rouge,
brun et blanc de *Sicile* rare et beau. — Ep. 1 p. ; larg. 17
p. 6 l. ; long. 34 p. 6 l. — m. 2.

259 — Table octogone. Marbre gris avec parties fragmen-

tiformes rouges et jaunes rubanées de Sicile. Curieux. — Ep.
1 p. ; larg 19 p. 6 l. ; long. 26 p. 6 l. — m. 3.

260 — Table de forme bisarre. Marbre blanc-jaune rubané au pourtour , en jaune brun , de *Florence*. — Ep. 10 l. ;
larg. 13 p. ; long. 24 p. — m. 4.

261 — Six tableaux. Marbre gris-jaune et brun , dont les
dessins imitent des ruines , des paysages , etc. , dit *pierre ruiniforme de Florence*. m. 26.

262 — Tableau carré. Marbre blanc avec arborisations
noires traversant la pierre. — Larg. 4 p. 9 l. ; long. 8 p. 3 l.
— m. 27.

263 — Fût de colonne. Marbre noir , dit *noir de Dinan*.
— Tors en marbre jaune de *Sienne*. — H. 7 p. 6 l. ; d. 6 p.
6 l. ; h. t. 11 p. — m. 13.

264 — Deux fûts de col. Marbre à filets bruns et blancs
contournés , d'Italie. Curieux. — H. 3 p. 3 l. ; d. 4 p. ; h. t.
4 p. 6 l. m. 12.

265 — Deux piédestaux. Marbre diapré en rouge , jaune,
blanc et vert de *Sicile*, très-beau. — Moulure br. doré. —
H. 4 p. 6 l. ; d. 2 p. 4 l. ; h. t. 5 p. 9 l. — m. 15.

266 — Deux piédestaux. Marbre vert clair et blanc , avec
filets foncés se croisant , dit *vert campan des Pyrénées*. —
Moulures et appliques en br. doré. — H. 4 p. 6 l. ; d. 3 p.
— m. 16.

267 — Piédestal carré long. Marbre blanc rose. Belle variété du *Campan* , dite *Isabelle*. H. 6 p. 6 l. ; d. 5 p. —
m. 17.

268 — Piédestal plaqué. Marbre blanc avec arborisation
noire , dit *Pierre de Florence arborisée*. — H. 5 p. ; d. 4 p.
— m. 18.

269 — Grand socle rond. Marbre jaune doré , *jaune ant.*
Belle qualité. — H. 5 p. ; d. 15 p. — m. 20.

270 — Deux socles carrés longs. Marbre jaune d'or veiné
de brun-violet , *jaune de Sienne*. — H. 5 p. 4 l. ; larg. 5 p.
6 l. ; long. 9 p. 3 l. — m. 21.

271 — Grand socle carré. Marbre vert diapré en rouge et blanc, dit *cervelas*. — H. 3 p. ; d. 17 p. — m. 25.

272 — Six piédestaux ou socles de diverses dimensions, et espèces de marbre décrits au *Catalogue du Musée*. — m. 14, 19, 22, 23.

273 — Cinq autres socles et plinthes en diverses variétés de marbres non décrits, et employés comme supports. — m. 28.

MARBRE SERPENTINEUX. — *Chaux carbonatée serpentineuse ; Roche serpentino-calcaire*. — Mus. p. 275.

274 — Colonne tronquée. Marbre serpentineux diapré en blanc et vert nuancé, dit *vert ant*. Magnifique. — Tors br. doré. — Socle granit rose, n° 45. — H. 40 p. ; d. 10 p. ; h. t. 48 p. — m. 3.

275 — Colonne tronquée. Marbre serpentineux bréché, vert-blanc et noir, *vert ant. bréché*. Superbe variété du précédent. — Socle marbre cervelas, n° 271. — Tors br. doré. — H. 40 p. ; d. 13 p. ; h. t. 47 p 6 l. — m. 4.

Ces deux colonnes offrent deux variétés de la plus belle espèce de ce marbre, dont on connait le haut mérite.

276 — Table carrée. Marbre serpentineux, brun, vert et blanc, dit *vert d'Égypte*. Superbe. — Ep. 1 p. 3 l. ; larg. 25 p. 10 l. ; long. 5 j p. — m. 1.

277 — Table carrée. Marbre serpentineux diapré vert et blanc, dit *vert de mer* et *polzevera*. — Ep. 1 p. 4 l. ; larg. 25 p. ; long. 52 p. 6 l.

La grande dimension et le beau choix des deux tables ci-dessus, sont à remarquer.

278 — Tablette carrée plaquée. Marbre serpentineux vert-jaune, à veines très-contournées. Très-belle. — Larg. 7 p. 6 l. ; long. 11 p. — m. 2.

279 — Deux piédestaux. Marbre serpentineux. Variété du vert de mer, n° 277. — H. 6 p. ; d. 4 p. 7 l. ; h. t. 8 p. — m. 3.

280 — Piédestal. Marbre serpentineux bréché blanc et vert, ant. Rare et très-beau. —— H. 7 p. 9 l. ; d. 6 p. 8 l. ; h. t. 4 p. 6 l. —— m. 6.

281 — Piédestal. Marbre serpentineux vert, blanc et noir. Variété du *vert ant.* n° 275. —— H. 10 p. 8 l. ; d. 6 p. ; h. t. 12 p. 4 l. —— m. 6.

282 — Piédestal plaqué. Marbre serpentineux bréché, à fragment vert et noir. Cette variété du vert ant. n° 275, est curieuse. —— H. 15 l. ; d. 11 p. 6 l. ; h. t. 19 l.

283 — Piédestal. Marbre rose à taches vertes, des *Hébrides*. Cette matière d'un charmant effet est précieuse et rare. Moulures br. doré. —— H. 5 p. 5 l. ; d. 2 p. ; h. t. 4 p. —— m. 7.

284 — Serre-papier. Marbre rose à petites taches vertes. Variété du précédent. —— H. 1 p. ; larg. 2 p. 7 l. ; long. 4 p. 9 l. —— m. 8.

285 — Quatre plinthes ou socles de diverses variétés de marbre serpentineux non décrits. —— m. 9.

LUMACHELLE ou MARBRE COQUILLIER. —— *Chaux carbonatée coquillière.* —— Mus. p. 277.

286 — Sarcophage, copie de celui d'Agrippa. —— Lumachelle grise à taches noires et blanches, de *Trepano en Sicile.* —— Beau monument.—— H. 10 p. 5 l. ; long. 16 p. ; larg. 8 p. 6 l. —— m. 9.

287 — Vase à anses. Lumachelle gris-clair, noire et blanche, dite   —— H. 10 p. ; d. 5 p. 5 l.

288 — Coupe ronde à pied. Lumachelle noire avec taches ovales coralloïdes, d'un effet charmant. —— H. 2 p. 9 l. ; d. 4 p. —— m. 7.

289 — Coupe ronde à pied. Lumachelle brune à parties d'encrinites blanches. Bel effet, de l'*île de Timore.* —— H. 2 p. 9 l. ; d. 4 p. —— m. 8.

Cette belle Lumachelle se trouve dans le lit d'un courant, au Sud de Coupang ; non-seulement elle est belle, mais elle a encore le mérite d'établir le parallèle entre les matières de notre sol et celles d'un pays qui est notre Antipode.

290 —— Table carrée. Lumachelle noire à coquilles blanches, dite *drap mortuaire antique*. Superbe. —— Ep. 1 p. 3 l. ; larg. 23 p. 3 l. ; long. 48 p. — m. 1.

Morceau d'un grand effet par la pureté et l'opposition des couleurs.

291 —— Table carrée. Lumachelle violette à taches blanches, dite *brèche de Tarentaise*. Très-belle. — Ep. 1 p. 4 l. ; larg. 24 p. 3 l. ; long. 48 p. — m. 2.

Ce marbre est un des plus beaux et des plus curieux sous plusieurs rapports.

292 —— Table carrée. Lumachelle grise, blanche, jaune et brune. — Ep. 10 p. ; larg. 21 p. 6 l. ; long. 45 p. — m. 3.

L'assemblage des diverses coquilles qui composent ce marbre, dont on ne connaît pas le gissement, est d'autant plus curieux qu'il offre une véritable image du cahos.

293 —— Deux tables. Lumachelle grise à cornes d'ammon blanches. Rare et belle, de *Suisse*. — Ep. 10 l. ; larg. 14 p. ; long. 22 p. — m. 4.

294 —— Table carrée. Lumachelle noire à coralloïdes blancs, de *Mons*. — Ep. 8 l. ; larg. 17 p. 9 l. ; long. 18 p. 6 l. — m. 5.

295 —— Table ovale. Lumachelle verte à taches beau rouge et blanches, dite *vert sanguin ant.* — Portée par deux pattes à tête de griffon, et en pilastres à plaques du même marbre. — Ep. 1 p. ; larg. 27 p, ; long. 33 p. —— m. 6.

Ce beau marbre est un de ceux, dits antiques, qui soit le plus rarement parvenus jusqu'à nous, surtout en grands morceaux.

296 —— Table carrée. Lumachelle diaprée de rouge, jaune et vert. Variété du marbre de *Sicile*, n° 233. —— On y voit des coquilles curieuses et très-belles. —— Ep. 8 p. ; larg. 20 p. 3 l. ; long. 24 p.

297 —— Deux tablettes octogones. Lumachelle brune à fi-

lets et taches beau jaune , dite *lumachelle Castracani* ou d'Astracan. Parfaite , rare et magnifique matière. — Montée élégamment sur quatre chimères , avec ornemens en bronze doré. — D. 8 p. ; h. t. 6 p. — m. 10.

On ne trouve à Rome que des petits morceaux de cette matière; mais les deux échantillons que nous offrons ont été regardés, pour leur beauté et leurs dimensions, comme uniques.

298 — Tablette ronde. Lumachelle brune à filets, jaune terne ant. Rare et belle , montée sur des gaines à tête de négresse. Ornem. br. doré. — D. 10 p. ; h. t. 7 p. — m. 11.

299 — Autel votif, copie de l'antique. Marbre rouge à grands cercles blancs dit *occhio di pavone* , œil de paon , antique. — Moulure et corniche en jaune antique. — H. 28 p.; d. 11 p. sur 9 p. ; h. t. 3a l.

Marbre reconnu pour être un des plus rares de ceux dits antiques.

300 — Fût de colonne. Lumachelle gris-blanc , à filets gris foncés , dite *Lumachelle grise d'Italie*. — Tors en br. doré. — H 8 p. 8 l. ; d. 6 p.; h. t. 11 p. 3 l.

301 — Deux piédestaux. portant des figures de style égyptien avec girandoles en bronze doré: des boucliers en labrador , n° 151, sur le devant des piédestaux. Lumachelle brune à taches rouges, dite *griote d'Italie*. — Ornemens bronze doré. — H. 6 p.; d. 5 p. ; h. t. 29 p. — m. 12.

302 — Deux piédestaux Lumachelle rouge, jaune et blanche; dite *brocatelle d'Espagne*. Type de la beauté de ce marbre. — Br. doré. — H. 7 p.; d. 5 p. ; h. t. 9 p. — m. 13.

303 — Deux piédestaux. Lumachelle rose et blanc, et belle variété de la brocatelle ci-dessus. — H. 3 p. 9 l.; d. 2 p 3 l. — m. 14.

304 — Petit piédestal. Lumachelle brune , à taches jaunes et vertes. Superbe, précieuse et des plus rares. De Chine. — Moulures br. doré. — H. 1 p.; d. 1 p. 4 l.; h. t. 1 p. 9 l. — m. 15.

305 — Piédestal. Lumachelle jaune et blanc, ant. —

Moulure br. doré. — H. 5 p. 4 l.; d. 3 p. 4 l.; h. t. 6 p. 6 l.
— m. 16.

3o6 — Piédestal. Lumachelle jaune et rouge. — Moulure
br. doré. — H. 5 p. 4 l.; d. 3 p. 4 p.; h. t. 6 p. 6 l.—m. 17.

3o7 — Grand socle hexagone. Lumachelle noire à taches
grises, dite *petit granit de Mons.* — Ep. 6 p.; d. 15 p. 6 l.
— m. 18.

3o8 — Deux grands socles carrés. Lumachelle grise à
taches blanches et brunes d'*Italie.* — Ep. 3 p.; d. 16 p. 8 l.
— m. 19.

3o9 — Grand plinthe. Lumachelle noire à vermiculaires
blancs. Très-belle et très-curieuse. — Ep. 1p. 9 l.; larg. 10 p.
6 l.; long. 17 p. 6 l. —m. 21.

310 — Quatre grands socles ou plinthes de diverses espèces, décrits au *Catalogue du Musée.* — m. 19, 20, 22,
23.

311 — Huit socles ou plinthes de diverses variétés de
lumachelles non décrits. — m. 24.

MARBRE BRÉCHE, BRÉCHE TENDRE ou BRÉCHE CAICAIRE. — *Brèche, Chaux carbonatée.* — Mus. pag. 282.

312 — Colonne tronquée. — Brèche blanche et noire, superbe, dite *grand antique*, l'un des plus rares et des plus précieux marbres. — Socle granit, n° 46. — Tors br. doré. —
H. 40 p.; d. 12 p.; h. t. 47 p. — m. 6.

La vivacité des couleurs et la disposition des fragmens de
cette brèche en font un des plus beaux échantillons de ce
marbre, devenu extrêmement rare.

313 — Deux vases allongés. Brèche brune, blanche et
rouge, dit *marbre africain ant.* Beaux échantillons de cette
rare et belle matière. — H. 18 p.; d. 5 p. — m. 7.

314 — Vase à anses. Brèche lumachelle jaune, gris et
blanc, très-belle, d'*Italie.* — H. 15 p.; d. 6 p. 9 l. — m. 8.

315 — Coupe ronde à pied. Brèche rouge et blanc, dite *brèche corail ant.* Très-belle. — H. 8 p.; d. 12 p. — m. 9.

316 — Coupe ronde. Brèche rouge, gris et blanc. Très-belle. — Montée sur trois petites colonnes surmontées de cygnes et autres ornemens de br. doré, — H. 1 p. 4 l.; d. 7 p. 9 l.; h. t. 9 p. — m. 10.

317 — Petite cuve ou baignoire. Brèche grise, rouge et blanche, dite *Seme santo*, antique. Morceau très-gros pour cette rare et belle matière. — H. 5 p.; long. 6 p.; larg. 5 p. 6 l.

On n'a trouvé qu'un petit bloc de cette substance dans le fameux tombeau de l'ancienne famille Cestia à Rome.

318 — Table carrée. Brèche rouge vif et blanc, dite *marbre de Teyrette.* Très beau. — Ep. 1 p. 4 l.; long. 15 p.; larg. 35 p. — m. 1.

319 — Table carrée. Brèche violet-rose, blanc et brun superbe. *Marbre fleur de pêcher ant.* — Ep. 1 p. 3 l.; larg. 24 p.; long. 50 p. — m. 2.

320 — Deux tables carrées. Brèches violette et blanche. *Brèche violette.* Superbe échantillon. — Ep. 1 p. 4 l.; larg. 20 p.; long. 25 p. — m. 3.

321 — Table carrée. Brèche jaune, brun-rouge et blanc. *Brèche de Véronne.* Très-belle. — Ep. 1 p. 3 l.; larg. 24 p.; long. 51 p. — m. 3.

322 — Deux tables. Brèche grise, etc. Deux belles variétés du *marbre africain ant.* — Sur deux grands piédestaux d'acajou. — Ep. 1 p. 3 l.; larg. 16 p.; long. 18 p.

323 — Table carrée. Brèche jaune, rouge et gris. *Brèche d'Alep*, très-vive couleur. — H. 1 p. 5 l.; larg. 14 p. 6 l.; long. 24 p. 6 l. — m. 4.

324 — Fût de colonne. Brèche jaune et blanc, dite *brèche dorée ant.* — Tors br. doré. — H. 5 p. 5 l.; d. 5 p. 5 l.; h. t. 4 p. 9 l. — m. 11.

325 — Deux fûts de colonne. Brèche blanche et noire,

dite *marbre petit ant.* — H. 4 p. 6 l. ; d. 3 p. ; h. t. 6 p. — m. 12.

326 — Deux piédestaux carrés. Brèche lumachelle, gris, brun et jaune d'*Egypte*. Elle a le bel effet d'un *pouding* dur. — H. 6 p. ; d. 4 p. 3 l. ; h. t. 7 p. 9 l. — m. 13.

327 — Piédestal carré long. Brèche rouge, taches jaunes bordées de brun des ruines d'*Alexandrie en Egypte*. Matière rare et des plus curieuses. Bel effet. — H. 6 p. 6 l. ; d. 5 p. 6 l. — m. 14.

328 — Piédestal. Brèche jaune et blanche. Variété de la précédente. — Moulure br. doré. — H. 9 p. ; d. 6 p. ; h. t. 11 p. — m. 15.

329 — Piédestal. Brèche noire et rouge, etc. Variété de la *brèche africaine ant.* n° 215. — H. 7 p. 3 l. ; d. 7 p. 3 l. — m. 17.

330 — Socle carré long. Brèche gris et rose. Curieuse, de *Saône et Loire*. — Ep. 2 p. 9 l. ; larg. 4 p. 9 l. ; long. 6 p. 6 l. — m. 19.

331 — Plinthe ronde. Brèche rouge et grise, très-belle, dite *Sarencolin des Pyrénées*. — Ep. 9 l. ; d. 8 p. 6 l. — m. 21.

332 — Socle carré. Brèche noire et jaune, très belle, d'*Asti aux Pyrénées*. — Ep. 2 p. 6 l. ; d. 16 p.

333 — Quatres piédestaux et plinthes. De brèches diverses, décrits au *Catalogue du Musée*. — m. 16, 18, 20, 22.

334 — Quatre autres socles ou plinthes non décrits.

ALBATRE CALCAIRE. — *Chaux carbonatée concrétion-née*. — Mus. pag. 286.

335 — Deux colonnes corinthiennes et piédestaux. Albâtre jaune de miel transparent, d'*Orté*. Chapiteaux sculptés et tors marbre blanc. Statues de bronze au-dessus. — H. 18 p. ; d. 2 p. 3 l. ; h. t. 33 p. — m. 3.

335 *bis*. — Forte griffe antique du plus beau style. Al-

bâtre rubané rouge et blanc. Oriental. — H. 7 p. ; long. 7 p. ; larg. 5 p.

Le beau travail et l'antique, étant toujours l'objet qui fixe l'attention ; nous ne doutons pas qu'elle ne s'arrête avec un grand intérêt sur cette griffe curieuse.

556 — Canope égyptien, couvercle à tête de chien. Albâtre blanc *égyptien*. H. 15 p. ; d. 6 p. m. 7.

Monument antique ; les égyptiens déposaient dans les canopes, les momies embaumées de leurs animaux sacrés et notamment des *Ibis*.

556 *bis*. Grand vase forme d'amphore, à anses prises dans la masse. Albâtre rubané, rouge, rose, jaune et blanc Oriental. — H. 32 p. d. 10 p. 6 l.

La forme noble et élégante de ce vase, son très-grand volume, et la beauté de l'albâtre, offrent une réunion trop remarquable pour que les amateurs n'accordent pas à cette précieuse pierre, toute sa valeur.

557 — Deux vases à anses. Albâtre *oriental* blanc rosé, veiné. Très-beau. H. 17 p. 6 l. ; d. 7 p. — m. 4. Pl. IX, fig. A.

558 — Vase ovale en nacelle, pied et couvercle. Albâtre *oriental* rubané jaune et brun, imitant le bois, dit *A. rubané ant.* Bel effet. Gorge découpée en br. dorée. — H. 10 p. ; d. 9 p. sur 15 p. m. 5.

559 — Urne cinéraire antique romaine, avec anneaux et couvercle. Albâtre blanc, jaune et translucide très-égal, dit *égyptien*. Monument précieux. H. 15 p. ; d. 11 p. 8 l. ; h. t. 18 p. — m. 6.

Il est si extraordinaire qu'une urne de cette grandeur, et d'une manière aussi fragile, soit parvenue jusqu'à nous, que le peu d'objets de ce genre est toujours grandement apprécié.

560 — Coupe ronde. Albâtre jaune, dit *al. craquelé* de Volterra. — Sur pied d'égout en br. doré. — Socle bel albâtre rubané. — H. 1 p. 6 l. ; d. 8 p. ; h. t. 11 p. — m. 8.

561 — Coupe ronde non polie. Albâtre blanc à grandes jaspures ondulantes. — H. 4 p. 6 l. ; d. 7 p. 9 l. — m. 9.

542 — Table carrée. Albâtre oriental jaune flambé de rouge, très-beau. — Ep. 1 p. 6 l.; larg. 13 p. 6 l.; long. 31 p. — m. 1.

543 — Table carrée. Albâtre oriental, blanc-jaune, à grandes ondulations. Superbe. — Ep. 1 p. 8 l.; larg. 18 p.; long 30 p. — m. 2.

544 — Table octogone. Albâtre oriental jaune, à dessins imitant une racine de bois en brun nuancé, couleurs les plus vives. Magnifique. — Sur pied d'acajou. — Ep. 6 l.; d. 25 p.

545 — Table ronde plaquée. Albâtre à dessins ramifiés et beau rouge, dit *albâtre fleuri ant*. Magnifique morceau de cette manière. — D. 24 p. 6 l.

Les quatres tables ci-dessus offrent les plus belles variétés des albâtres.

546 — Petit fût de colonne. Albâtre blanc soyeux, chatoyant, en blanc nacré d'Angleterre. Charmant effet. — Tors br. doré. — H. 1 p. 6 l.; d. 1 p. 1 l.; h. t. 2 p. — m, 10.

547 — Deux piédestaux Albâtre jaune miel, rubané de *Montmartre*. Magnifique. — H. 3 p. 10 l.; d. 2 p. 9 l.; h. t. 4 p. 6 l. — m. 11.

548 — Socle octogone. Albâtre jaune translucide. — *Le phengites des anciens*. Beau et rare. — H. 2 p.; d. 6 p. 10 l. — m. 12.

549 — Fixe-papier. Albâtre vert et blanc, veiné très-distingué du *Derbyshire*. — Ep. 8 p.; larg. 2 p. 3 l.; long. 4 p. 2 l. — m. 13.

550 — Socle rond. — Albâtre blanc oriental. — Ep. 3 p.; d. 3 p. 6 l. — m. 13.

551 — Deux bas-reliefs ovales. Concrétions calcaires blanches artificielles, des bains de *Saint-Philippe* en *Toscane*. — D. 7 p.; h. 8 p. 4 l. — m. 16.

552 — Quatre socles et plinthes de plusieurs albâtres, décrits au *Catalogue du Musée*. — m. 13, 14, 15.

353 — Six plinthes ou socles de diverses variétés non décrites. — m. 17.

§. III. Substances combustibles non métaliques.

JAYET ou JAIS, ou SUCCIN NOIR. — *Lignite jayet ;
jayet.* — Mus. pag. 289.

354 — Vase forme cinéraire. Jayet beau noir. — Ornemens bronze doré. Charmante forme. — H. 6 p. 6 l. ; d. 4 p. 4 l. — m. 1.

AMBRE JAUNE ou SUCCIN, ou KARABÉ. — *Succin.*
Mus. p. 289.

355 — Petite coquille à pied ayant deux figures très-en relief sculptées dans l'intérieur. Succin jaune rouge, belle qualité. Ce joli travail est déjà ancien. — H. 3 p. 6 l. ; d. 4 p.

356 — Vase.

§. IV. Substances métaliques.

MANGANÈZE ROSE. — *Manganèse oxidée silicifère.*—
Mus. p. 290.

357 — Vase allongé. Manganèse beau rose diapré de noir et de jaune, d'un très-bel effet. — Anses et ornemens en br. doré. — H. 6 p. ; d. 4 p. — m. 1.

Il est fâcheux que cette belle et très-dure substance ne se trouve qu'en petits volumes. Nous citerons à son avantage qu'un seul socle plaqué qui se trouvait dans la Collection de feu M. Van Horn, a été vendu un très-grand prix.

MALACHITE. — *Cuivre carbonaté vert concrétionné.* —
Mus. p. 290.

358 — Vase, belle forme ovale. Malachite beau vert veiné et œillé. — Ornemens en bronze doré Sur piédestal à plaques de Malachite assemblées avec beau bronze doré. — H. 8 p. ; d. 4 p. 6 l. ; l. t. 1 p. 6 l. — m. 1. Pl. VIII, fig. A.

559 — Cinq grandes plaques ovales. Malachite vert-œil-lé La plus belle qualité, disposées pour faire les panneaux d'un grand coffret. Pendant de celui en lapis également non fait. n° 158.

AIMANT. — *Fer oxidulé aimantaire.* — Mus. p. 290.

360 — Deux aimans naturels, de l'île d'*Elbe*, montés et garnis de leurs appareils. — m. 1.

APPENDICE A CETTE COLLECTION.

561 — Deux coffrets hexagones, à couvercles, et sculptés à jour. — Ambre gris, teinte brune. — Ces morceaux, rares et gracieux, sont montés sur deux tablettes portées par trois pieds forme de cariatide élégante. Bronze doré. — H. 2 p. 4 l.; d, 4 p 9 l. — m. 1.

362 — Plus, 20 à 25 blocs de matières les plus distinguées parmi les substances dures, lesquels étaient destinés à être ouvragés. On y remarque entr'autres un bloc de lapis du poids de 26 livres, propre à faire des colonnes de   p. sur   et qui devait être

263 — Plusieurs articles qui pourraient avoir été omis au présent Catalogue seront détaillés sous ce numéro.

RECAPITULATION.

MATIÈRES DURES.		MATIÈRES TENDRES.	
Granits,	91	Stéatites et pierres de lard,	20
Basaltes noirs orientaux.	4	Stéatite schisteuse,	1
Basaltes verts antiques,	12	Serpentines et pierres ollaires,	16
Porphyres.	58	Roches d'asbestes,	2
Amygdaloïdes,	3	Spath-fluors,	3
Brèches dures, poudings, etc.	15	Albâtres gypseux,	3

Laves et obsidiennes,	24	Marbres salins ou statuaires,	15
Lapis lazuli,	4	Marbres,	47
Jades et pierres néphrétiques,	11	Marbres serpentineux,	16
Pierre des Amazones et Labradors,	7	Lumachelles ou marb. coquill.	43
Préhnite,	1	Marbres brèches,	34
Cristaux de roche,	12	Albâtres calcaires,	33
Silex,	2	Jayet ou jays,	1
Agates,	12	Ambres jaunes ou succins,	2
Jaspes et Jaspe-agates,	24	Manganèse rose,	1
Bois pétrifiés,	8	Malachite,	2
	288	Aimants,	2
Report des matières tendres,	253	Appendice, ambre gris,	2
Total général. . .	541		253

Cinq cent quarante-un objets, et on compte en outre, dans cette Collection, environ quarante socles ou plinthes qui ne sont point décrits, et qui servent de supports à divers ob—jets.

COLLECTION

DE PIERRES GRAVÉES,

D'AGATES ARBORISÉES ET AUTRES PIERRES CURIEUSES

EMPLOYÉES EN BIJOUX,

NOTICE PRELIMINAIRE

Sur cette Collection, la Septième du Catalogue du Musée.

PREMIERE PARTIE.

PIERRES GRAVÉES.

Les pierres gravées ont cet avantage sur les pierres fines, qu'en outre du précieux de la matière, elles présentent de l'intérêt, soit comme monument historique, soit comme type de l'art chez tous les peuples, soit comme objet d'affection pour le sujet représenté ou pour le genre de gravure. Ces nombreux motifs d'intérêt devraient augmenter d'autant le nombre des amateurs de ces pierres ; cependant il n'en est pas ainsi : les connaissances nécessaires pour apprécier les qualités des pierres gravées, sont si peu répandues, que la plupart de ceux qui rechercheraient ces pierres sous un de leurs rapports, sont retenus par la crainte de se tromper ou d'être trompés sur l'appréciation de leurs autres qualités ; et c'est ainsi que, par le peu d'étendue des connaissances en ce genre, ces divers motifs

4

d'intérêts, qui devraient multiplier les amateurs de ces bijoux, deviennent, au contraire, la raison qui en rétrécit le cercle.

Des réflexions sur ce sujet devaient conduire au désir de répandre plus généralement ce genre d'instruction; et, pour atteindre ce but, on a senti qu'il fallait faire trouver, dans une Collection bien entendue de ces pierres gravées, les objets de comparaison en tous genres, nécessaires à l'instruction par les sens, et qu'il fallait mettre au jour des notions sur la nature de ces pierres et sur l'art de la gravure, afin de faciliter les moyens d'acquérir l'instruction nécessaire pour apprécier les pierres gravées sous tous les points de vue.

Si l'on se demande ce que doit être cette instruction, on voit qu'elle porte sur plusieurs branches de connaissances qui intéressent l'antiquaire, le naturaliste, l'artiste et l'amateur. Les voici :

1°. La connaissance des espèces de pierres employées dans l'art litho-glyptique; celle de leur convenance à tel emploi par leur effet et leur propriété, et celle de leur beauté et de leur valeur propre et relative;

2°. La connaissance de l'art de la gravure sur pierre (glyptique), qui comprend les différentes sortes et matières de graver pratiquées jusqu'à nos jours, et qui donnent les moyens de juger les différens degrés de perfectibilité de la gravure, et même ceux d'apprécier le mérite de chacune;

3°. La connaissance de l'art, sous le rapport chronologique, c'est-à-dire, la connaissance du style, du mode et du caractère de la gravure en usage chez chaque peuple et aux époques des variations remarquables de ce bel art.

C'est d'après ces principes qu'on a placé des notions théoriques sur ces diverses connaissances, dans le Catalogue du Musée.

Mais l'instruction théorique et les meilleures descriptions ne peuvent seules conduire à ces connaissances, il faut le concours de nombreux objets de comparaison; il faut voir beaucoup de pierres gravées; il faut les étudier avec soin et les comparer entre elles pour parvenir à sentir et à se familiariser avec ces nuances infiment variées, qui sont imperceptibles aux yeux peu habitués, et qu'il est cependant utile de savoir discerner, puisqu'elles caractérisent la beauté du travail et celle de la matière.

De-là résulte la nécessité d'une Collection formée dans le but de faire atteindre à ces connaissances, et c'est l'objet qu'on s'est proposé dans celle qu'on annonce, aussi y a-t-on réuni des pierres gravées de tous les temps, de tous les peuples, de tous les genres de gravures, et de toutes les matières qui ont été employées dans cet art ; et, afin d'établir tous les points de comparaison utiles, on y a fait entrer les pierres dont les couleurs ont été modifiées par des procédés artificiels, et on y a même joint quelques coquilles et quelques pâtes ou verres antiques et modernes.

Pour le choix des pierres, il a été fait, d'après le principe général qui a dirigé ce Musée, utilité et grande beauté dans les objets. Aussi ce choix est non-seulement précieux pour l'instruction, mais il est encore le plus magnifique possible ; il est peu de pierres qui n'offrent le double agrément de l'intérêt de la gravure et de la beauté de la matière. Cet ensemble a encore l'avantage de mettre sous nos yeux les portraits d'hommes célèbres, et de reproduire à notre pensée des sujets d'histoire et des usages intéressans.

Dans ce précis, les pierres gravées sont placées dans l'ordre chronologique, et groupées par époque, ordre plus favorable à l'étude de l'art ; au lieu que dans le Catalogue du Musée elles sont placées sous le rapport des matières. Cette différente classification permet de les étudier sous divers rapports, et de mieux apprécier l'ensemble de la Collection.

Les deux parties de cette collection comprennent actuellement 310 pierres, dont 280 principales ; savoir : 180 gravées, et 100 dans la 2ᵉ partie, presque toutes montées en bague, médaillon, etc. en or. Les 30 autres ne sont ni montées ni décrites, attendu leur moindre valeur.

Nota. Les dimensions sont notées en *millimètre.* Voyez

cette mesure mise en comparaison avec celle en *pouces de roi* à la 2e page.

TRAVAIL DES PEUPLES TRÈS-ANCIENS.

Egyptiens. — *Creux.*

1 — Amulette à hiéroglyphes égyptiens sur les deux faces. D'une haute antiquité. Cette pierre bien caractérisée amulette, nous atteste que l'origine de ces sortes de talismans se perd dans les temps les plus reculés. Schiste dur, gris. — Carré de 30 sur 23 millimètres. — m. p. 159, n. 1.

2 — Osiris debout auprès d'un autel surmonté d'un cynocéphale. Sans entrer dans l'historique du sujet symbolique de cette pierre égyptienne, nous pouvons dire que c'est le type du beau caractère des gravures du temps, et que la pierre est une des plus distinguées. Hématite gris d'acier. — Ovale de 20 sur 11 m. Bague. — m p. 169, n 48.

2 *bis.* — Tête d'Isis surmontant un canope sur le corps duquel sont gravés des emblêmes égyptiens. Cette pierre curieuse par le sujet est recommandable par le bon travail Égypto-Romain. — Grenat syrian, violet. — Ov. 19 sur 12 m. Bague.

2 *ter.* — Cynocéphale debout portant un petit cynocéphale sur la main gauche. Travail heurté égypto-romain. — Jaspe jaune. — Ov. de 16 sur 13 m. Bague.

Persépolitains, Parthes et Indiens. — *Creux.*

3 — Rouleau persépolitain avec figures, sujet tiré du culte des Perses. Le petit nombre qui nous reste de ces sortes de cachets leur a toujours donné une grande valeur. Hématite brune. Cylindre percé, de 13 sur 30 m de diamètre. — m. p. 170, n. 9.

4 Deux mages, *prêtres persans.* l'un assis, l'autre debout. Travail caractéristique du temps — Calcédoine rubanée blanc et brun. — Sceau ovale de 19 sur 13 m. Bague. — m. p. 172, n. 9.

5 — Cerf auprès d'un arbre , sur un sceau en forme d'anneau. Trava l indiquant l'enfance de l'art. — Calcédoine blanche. — Ovale de 24 sur 21 m. — m. p. 162, n. 13.

Les trois pierres ci-dessus, en caractérisant le style et le faire de cette époque reculée, nous donnent en même temps la connaissance du premier emploi que les persépolitains ont fait de la gravure.

6 — Caractères indiens. Travail peu soigné et sans date certaine. — Jade vert pâle , pur. — Ovale de 45 sur 37 m. — Espèce d'amulette. — m. p. 160, n. 4.

7 — Deux cynocéphales mitrés , assis ou à cheval sur une espèce d'autel. Travail grossier , sujet curieux , probablement indien. — Lapis beau bleu. — Ronde de 17 m. Bague. — m. 159, n. 2.

Cette antique pierre nous fait connaître les rapports qu'il y avait entre les symboles religieux des indiens et ceux des égyptiens.

Reliefs.

8 — Buste d'un roi parthe, de la dynastie des Arsacides. — Sardoine cerise , à 5 lits, 1 blanc entre 2 sardoines. Magnifique pierre, mais fendue sur un angle. — Carré de 44 sur 25 m. Médaillon.

Un ouvrage en relief aussi grand pour une époque où l'on en exécutait si peu, et fait sur une sardonyx, la matière la plus appréciée des anciens et des modernes , sera toujours un objet des plus remarquables dans le Musée qui le possédera.

Étrusques. — Creux.

9 — Tête de Mercure. Trav. ant. d'expression. — Pierre devenue grise par l'action du feu. — Ov. de 15 sur 11 m.

10 — Chimère quadrupède, gravée sur le dessous d'un scarabée qui, par son volume et son travail étrusque , est au nombre des plus importantes.— Cornaline rouge-brun.— Ov. de 25 sur 20 m. — m. p. 163, n. 18.

11 — Oiseau de proie dévorant un cerf gravé sur le dessous d'un scarabée. Tr. étrusque.—Calcédoine noire, barrée par un lit

beau blanc. Pierre régulière et très-belle. — Ov. de 17 sur 15
m. — m. p. 172, n° 8.

Le choix de ces deux scarabées ne peut rien laisser à désirer
sous le rapport de la matière et de la connaissance de l'art.

12 — Prêtresse prête à sacrifier un cerf à Diane. Idée parfaite du style et du faire étrusque. — Sardoine claire, barrée
par une bande blanche. Belle pierre. — Ov. de 21 sur 15 m.
Bague

13 — Mercure dieu des marchands, tenant un caducée et
une bourse. Calcédoine à 4 lits, 2 blancs, 2 sardoines. Pierre
rare et belle. — Ov. de 16 sur 14 m. Bague. — m. p. 171,
n° 3.

14 — Deux faunes et une nymphe dansant. Travail hardi
et gracieux. — Sardoine foncée-cerise. — Echantillon de superbe pierre. — Ov. de 15 sur 10 m. Bague. — m. 168. n° 39.

15 — Guerrier debout, tenant son casque à la main. Sardoine marron, barrée par une bande blanche. Très-belle
pierre. — Ov. de 29 sur 19 m. Bague.

16 — Bacchanale de trois figures. dans le style des figures des
vases dits *étrusques* ; ce qui la rend très-curieuse. — Cornaline rouge-brun, peu d'éclat. — Octogone de 20 sur 14 m. Bague. — m. p 163, n° 19. Pl. III, fig. E.

Ces cinq dernières intailles offrent le beau choix des diverses
matières et font connaître en même temps le style et le travail
des anciens étrusques à différentes époques.

ABRAXAS. — *Creux.*

17 — Animal allégorique à six têtes de serpent, ayant
le corps d'un taureau et la queue d'un lion. On voit autour,
sur le revers et sur le biseau, d'autres signes et caractères mystiques. La gravure est d'un bon style, et cet Abraxas est en
tout un des plus curieux. Il est un peu fragmenté. — Jaspe vert
foncé. — Ov. de 25 sur 19 m. Bague. — m. p. 161, n° 3.

18 — Horus sur la fleur du lotus, avec inscription gnosti-
que. — Jaspe rouge. — Ov. 15 sur 12 m. Bague. — m. 161. n° 7

TRAVAIL ANTIQUE , GREC ET ROMAIN. — *Creux.*

19 — Tête de Méduse , de face. Travail heurté , mais expressif. — Grenat de Bohême, dit *vermeil*, d'une magnifique couleur qui lui donne un très-haut prix — Ov. de 14 sur 10 m. Bague. — m. p. 169 , n. 44.

20 — Tête de Cérès , profil signé en grec ΑΥΛΟΥ, *Aulus*, nom de l'auteur. Très-beau trav. — Cornaline orangée. Belle pierre. — Carré émoussé de 11 sur 9 m. Bague. — m. p. 167 , n. 35.

On connaît plusieurs beaux ouvrages de cet artiste qui vivait sous Auguste. Stosch a publié cinq pierres avec ce nom d'Aulus. Cette jolie petite pierre est connue pour avoir fait partie de la collection de Mad. de Pompadour.

20 *bis*. — Buste de...... avec une espèce de bouclier derrière l'épaule. On ne peut trouver un type plus parfait du travail grec des beaux temps ; c'est dire assez quel est le mérite de cette pierre. — Cornaline rouge–orangée , légèrement fragmentée. — Ov. de sur Bague.

21 — Buste de Méduse , profond et de face. — Cornaline jaune-orangée. Belle pierre. — Carré ém. de 20 sur 14 m. Bague. — m. p. 166 , n. 34. Pl. XII , fig. C.

La tête de Méduse a été souvent le sujet des pierres gravées ; mais il est très-rare de la trouver avec le buste comme dans celle-ci. La gravure qui ne laisse rien à désirer , est du plus beau caractère ; elle est incontestablement l'ouvrage d'un habile artiste grec.

21 *bis*. — Tête du grand Pompée. Ce beau travail réunit tous les genres de mérite des ouvrages de la belle époque romaine. On y voit les lettres grecques ΣΝ , Τ's. Le derrière de la tête est un peu fragmenté. — Cornaline rouge–éclatante. — Ov. de 15 sur 12 m. Bague.

22 — Tête de Silène devant un vase. — Cornaline rouge-orangé clair. — Ov. de 15 sur 13 m. Bague. — m. p. 166 , n. 31.

Cette belle pierre grecque a été fendue en servant de cachet ; mais cet accident n'a rien fait perdre au mérite de la gravure.

23 — Tête d'un Romain inconnu, avec les lettres grecques λλ.ι — Cornal. à deux couches, rouge sur blanc. — Ov. de 14 sur 11 m. Bague. — m. p. 172, n. 11.

Travail romain, bien senti. La pierre est un onyx distingué par le rouge le plus beau.

24 — Buste de Vesta, voilée, un flambeau devant elle. — Sardoine claire, à 3 lits, l'un blanc entre deux sardoines. Très-bel onyx. — Ov. de 19 sur 15 m. Bague. — m. p. 173, n. 16.

Le gracieux de ce travail antique s'allie parfaitement avec les teintes douces de cette charmante Sardonix.

25 — Têtes accolées de Commode et de Crispine, sa femme. Bon travail, mais non pas des plus finis. — Cornaline rouge-orangé, éclatante et belle. — Ronde de 13 m. Bague. — m. p. 165, n. 29.

26 — Tête de Jupiter-Ammon. Beau travail d'expression, et fini. — Cornaline rouge-clair, éclatante et belle. — Ov. de 14 sur 11 m. Bague. — m. 165, n. 28. Elle faisait partie de la collection d'Ogny.

26 *bis*. — Tête de Méduse ailée, placée au-dessus d'un aigle. Le travail hardi et expressif paraît être basilidien, et le sujet symbolique appuie cette opinion. — Corn. rouge-orangé très-belle. — Ov. de 14 sur 11. Bague

27 — Tête de Trajan. Travail fait au burin de diamant. Cette pierre est un échantillon de ce genre de gravure, peu usitée; conséquemment difficile à trouver —Corn. rouge. — Ov. de 19 sur 12 m. Bague.

28 — Tête inconnue. Travail antique bien senti. — Cornaline aussi rouge qu'un grenat, des plus rares. — Ov. de 13 sur 10 m.

28 *bis*. — Tête de Jupiter-Sérapis, avec l'inscription grecque MNHΛϵΗΡΙΚΤΡΩ. Quoique heurté, cet ouvrage offre des beautés. Il date du 4e. siècle de l'église, et est utile à l'histoire de l'art. — Cornaline orangée, très-vive. — Ov. 17 sur 14 m. Bague.

29 — Têtes de Jupiter et de Junon , de face. Travail heurté ant. — Corn. à deux lits, rouge sur blanc. — Ov. de 14 sur 12 m.

Cette pierre et celle sous le n° 28 donnent une idée de l'exécution de ces sortes d'ouvrage dans l'enfance de l'art.

30 — Masque scénique. Beau travail antique. — Corn. à 3 lits, lit blanc entre un beau rouge et un en belle sard. Pierre des plus rares. — de 13 sur 10 m.

31 — Ulysse et Diomède , nus et en regard au moment où Diomède vient d'abattre la tête de Dolon , espion troyen , qu'ils avaient surpris et dont ils avaient obtenu le secret , en lui promettant la vie. Ulysse soutient le corps de Dolon, que l'artiste , pour ne pas embrouiller son sujet , a simulé par la seule partie supérieure de son corps. Cet ouvrage étrusque-grec, nous retrace un trait remarquable avec toute l'énergie du style antique — Corn. beau rouge , vive, mais un peu fragmentée aux pieds de Diomède.— Ov. de 16 sur 11 m. Bague. — m. p. 292 , n. 27*. Pl. XII, fig. 8.

32 — Iphigénie prête à sacrifier Oreste et Pilade. — Cornal. orangée vive. — Ov. de 14 sur 10 m. Bague. — m. p. 167 , n. 36. Pl. III , fig. D.

Oreste et Pilade son ami arrivés en Tauride pour enlever la statue de Diane, furent surpris et allaient être sacrifiés suivant la loi établie qui condamnait à mort les étrangers abordant cette contrée. Lorsqu'Iphigénie , grande prêtresse , découvrant qu'ils étaient d'Argos, promit la vie a l'un d'eux , s'ils se chargeaient de porter un écrit dans cette ville. Chacun d'eux voulut périr pour son ami , mais Iphigénie ayant retrouvé son frère dans l'un d'eux,ils se sauvèrent tous les trois. C'est le moment intéressant du combat de l'amitié, que l'artiste grec a choisi pour son sujet , et malgré la petitesse de la pierre il l'a traité avec toute l'expression et le style qui distinguent les beaux temps de l'art.

33 — Vénus Anadiomène , et vue par derrière. A côté d'elle est un Amour et un Therme. Cette pierre est d'un travail fin et d'un bon style, elle porte le mot grec ΓΝΑΙΟΚ (*Cneius*) nom d'un graveur du siècle d'Auguste, connu par

plusieurs ouvrages cités par les auteurs. Quelques-uns des acccessoirs peuvent avoir été retouchés , mais la Vénus , d'un travail parfait, est incontestablement antique. — Plasma beau vert. — Ovale de 16 sur 13 m. Bague. — m. p. 162 , n. 9.

33 *bis*. — Jupiter est assis sur un nuage avec Junon et Minerve , et deux figures embouchant la trompette sortent à mi-corps des deux extrémités de ce nuage; au-dessous, dans l'espace on voit Diane ou la lune conduisant son bige , à gauche est Apollon conduisant son quadrige. La figure du Tibre assi, couché et appuyé sur une urne, forme un troisième plan; cet ouvrage très-capital, danslequel la délicatesse et le fini n'ont rien fait perdre à l'expression , est sans doute du moment où l'art était à son apogée chez les romains. —Sard. à deux couches , brun sur blanc mat. La couleur paraît avoir été un peu altérée par l'action du feu. — Ronde de 28 m. médaillon.

34 — Ulysse et Diomède , enlevant le Palladium. Travail hardi et heurté , style étrusque. — Calcédoine à 3 lits, l'un blanc entre 2 bruns. Pierre altérée par le feu. — Ov. de 21 sur 15 m. Bague. — m. p. 170, n. 1. Pl III , fig. B.

35 — Apothéose d'Hercule. Minerve élève une couronne sur la tête du héros, qui debout tien le vase des libations : Le sanglier qui lui est consacré se voit derrière lui, et un autel est en avant de la déesse. Travail romain, exact, et d'un bon effet. — Cornaline rouge foncé , éclatante, petite, mais superbe. — Ov. de 14 sur 11 m. Bague. — m. p. 164, n. 22.

36 — Nymphe debout, jouant de la double flûte. Le corps vu par derrière et en grande partie nu n'est vêtu que d'une légère draperie qui flotte sur l'épaule. Finesse et grâce distinguent ce travail romain. — Cornal. sardoine éclatante, type de la beauté. — Ov. de 14 sur 11 m. Bague. — m. p. 166, n. 32.

37 — Enée portant Anchise, et conduisant Astyanax; il sort par une des portes de Troie. Le travail sans être précieux, et le style et le faire de ces tems anciens. Ce sujet intéressant

est d'ailleurs bien rendu. — Cornal. rouge-orangé. Belle pierre. —Ov. de 16 sur 13 m. Bague.

38 — Mercure, berger, debout et vu de face, nu à l'exception de la chlamyde qu'il porte sur le bras gauche avec le caducée, un bélier est placé à ses cotés. Le dessin, la pose et l'éxécution distinguent ce bel ouvrage romain. Hyacinthe rouge-orangée. Belle pierre. — Ov. de 19 sur 14 m. Bague entourée de brillans. — m. p. 169, n. 46.

38 *bis*. — Ulysse debout, de retour à Ithaque, appaise d'un signe les transports de son chien qui le reconnaît; on voit dans le champ en avant et en arrière d'Ulysse une palme, cette petite pierre grecque est un chef-d'œuvre pour la finesse du travail, l'expression et le style.—Cornaline rouge, vive et pure;— ronde de 13 m. — Bague.

39 — Quadrige monté par une Victoire. Cet ouvrage, d'une extrême petitesse est un de ces exemples rares qui démontrent à quel degré de délicatesse le travail avait été porté par les anciens. — Cornal. rouge clair.—Ov. de 11 sur 8 m. Bague.

40 — Deux Amours, l'un près d'un oranger, l'autre y montant au moyen d'une échelle. Autre exemple de délicatesse de travail.—Calcédoine à 2 couches dite *Nicolo*. — Ov. de 12 sur 8 m. Bague.

41 — Combat d'une cicogne et d'un oiseau de proie. Ouvrage romain heurté, mais d'un faire et d'une expression telle qu'il est utile pour caractériser l'art du temps. — Cornaline rouge éclatante et l'un des types de la grande beauté de ces pierres. —Ov. de 18 sur 10 m. Bague. — m. p. 164, n. 25.

42 — Amour appuyé sur son arc, gravure aussi gracieuse que parfaite.—Cornal. rouge éclatante, autre type de la grande beauté. — Ov. de 13 sur 12 m. Bague.

43 — Eutripiade gravant sur un rocher ces mots : *J'ai vaincu*. Travail profond et difficile, cependant bon. — Jaspe rouge, couleur belle et vive. — Octogone alongé, de 14 sur 11 m. Bague.

44 — Faune portant un autre faune sur ses épaules. Travail romain, distingué. La grâce et le style de la gravure placent ce Nicolo au premier rang de ces pierres, qui paraissent avoir été gravées avec profusion à certaines époques. — Calcédoine à 2 couches, dite *Nicolo*, très-belle. — Ov. de 16 sur 12 m. Bague. — m. 171, n. 5.

45 — Diomède s'emparant du Palladium. Beau travail, d'un grand effet. — Calcédoine à 2 couches, dite *Nicolo*. Ce grand et bel onyx n'est pas moins remarquable que le précédent. — Ov. de 19 sur 16 m. — Bague.

46 — Domitien, sous les attributs de Jupiter, un aigle à ses pieds. Sujet intéressant et du plus beau travail. — Cornal. orangée, éclatante, la plus belle. Cette intaille réunit tout. — Ov. de 20 sur 14 m. — Bague.

46 *bis*. — Un sacrificateur égorge un agneau tenu sur un autel par un jeune néophithe. Un joueur de flûte est a côté, et au bas est le mot grec ΙΟΛΛΥ. Une bonne pose et un faire agréable distinguent cet ouvrage romain, en cornaline rouge-orangée, des plus belles. — Ov. de 19 sur 15. — Bague.

47 — Barque conduite par deux Amours. Beaucoup d'expression et de grâce dans le travail. — Cornaline orangée. — Octog. de 12 sur 16 m. Bague.

47 *bis*. — Cette pierre nous montre un athlète vainqueur aux jeux, il est debout, ayant à ses côtés un vase avec une palme et une couronne au-dessus. Cet ouvrage du beau temps chez les romains se distingue par sa finesse et son style, la matière est des plus recherchées. — Sard. à 3 lits, un lit blanc entre 2 lits sardoines — Ov. de 16 sur 12 m. Bague.

48 — Griffon marchant. Travail hardi et bon. — Calcédoine à 2 couches, dite *Nicolo*. Lit bleu ponctué. — Ov. de 14 sur 11 m. Bague. — m. p. 172, n. 6.

49 — Sculpteur assis, travaillant un vase. Travail bon et bien senti. — Calcédoine à 2 couches, blanc-gris sur brun.

Pierre peu commune. — Ov de 21 sur 17 m. Bague. — m. p. 172, n. 7.

5o — Génie funèbre, enfant tenant un flambeau renversé. Délicat et bon travail. — Sardoine cerise à 3 couches, lit blanc entre deux lits sardoines. Cette pierre est petite mais elle donne une idée de la plus grande beauté des Sardonyx, —Ov. de 12 sur 10 m. Bague.—m. 173, n. 17.

5o *bis*. — Pierre gravée en l'honneur d'un guerrier qui s'est emparé d'une ville, elle représente une victoire couronnée d'une tour, tenant une couronne d'une main et de l'autre une grappe de raisin indiquant le genre de richesse du pays. Le nom du vainqueur est écrit en lettres grecques ΤΥ ΧΗ ΝΙ ΚΕ. On y trouve la hardiesse et le caractère senti de l'antique. Cornaline rouge orangée éclatante des plus belles. — Ov. de 17 sur 15 m. —Bague.

51 — Amazone sur un cheval au galop. Trav. ant. Bon style et forte expression. Cette matière est en outre l'échantillon d'une cornaline devenue blanc opaque par l'effet du feu. — Ov. de 14 sur 12 m.

51 *bis*. — Bellérophon monté sur Pégase planant au-dessus de la Chimère, l'ouvrage quoique heurté a toute la hardiesse et le style du beau temps chez les grecs, cette pierre mérite aussi par son sujet un rang distingué. Cornal. orangée, vive et belle. — Ov. de 14 sur 12 m. Bague

52 — Mercure debout. Trav. ant. grossier. — Corn. à 2 lits, blanc sur rouge; le blanc est le produit du feu. — Ov. de 13 sur 11 m.

53 — Mercure tenant un bélier. Trav. ant. de très-bon style. — Corn. rouge, vive et l'une des plus belles. — Ov. de 15 sur 12 m.

54 — Victoire écrivant sur un bouclier attaché à un faisceau d'armes. Trav. romain unissant le style au fini qui donne l'agrément. — Cornal. orangée. —Ov. de 18 sur 14 m.

55 — Mars debout; en avant de lui est une fourmi. Trav.

grossier. — Corn. rouge, vive et belle. — Ov. de 15 sur 12 m.

56 — Cachet, forme scarabée ; offrant un masque en relief, et, au revers, une muse assise, avec une inscription presque effacée. Ce sceau antique est curieux par sa rareté. — Jade blanc. — Ov. de 18 sur 13 m.

57 — Tête d'aigle, symbole de Jupiter. Travail hardi et très-beau. — Calcédoine à 6 couches, 3 lits blancs et 3 lits sardoines alternant. Cet onyx est des plus rares et des plus curieux par la régularité parfaite en tous points de ses nombreuses couches. Il a été trouvé près de Lorient. — Ov. de 16 sur 13 m. Bague. — m. p. 171, n. 2.

57 *bis*. — Cheval venant de remporter un prix, indiqué par une palme placée devant lui ; cette petite pierre, d'un beau travail, est l'échantillon de la manière dont les artistes anciens figuraient les chevaux. — Jolie cornaline orangée-clair. — Ov. de 12 sur 10 m. Bague.

58 — Horoscope dédié à Mercure, d'après les sujets des 2 faces. Cette pierre d'un beau travail, ne peut manquer de fixer l'attention des curieux sous tous les rapports. — Jade vert, belle couleur — Table carré long, percée de 22 sur 14 m. — m. p. 160, n. 4. Pl. III, fig. C.

58 *bis*. — Composition mystique, où l'on voit un amour sur un animal à pied d'oiseau, tête de cheval, une tête de Sylène pour poitrine. Ce bizarre sujet d'un bon travail, remonte aux premiers siècles de l'église — Jaspe rouge. — Ov. de 17 sur 12 m. Bague.

59 — Nymphe ; on lit sur le côté : *Marci Minucci*. Intéressante. — Tourmaline presque opaque, substance très-rarement travaillée. — Ov. de 14 sur 12 m. Bague.

59 *bis* — Deux amours conduisant une chèvre. Le travail est fait avec hardiesse et agrément. — Sardoine-marron, jolie pierre. — Ov. de 14 sur 10 m. Bague.

60 — Galère triomphale. Calcédoine à 2 couches, blanc sur noir. — Ov. de 13 sur 10 m. Bague.

61 — Lion en marche. Cornal. à 3 couleurs. — Ov. de 12
sur 10 m. Bague. — m. p 293 , n. 7*.

62 — Victoire écrivant sur un bouclier. Calcédoine à 2
couches , blanc sur jaune. Ce genre d'onyx est très-rare , beau
et pur. — Ov. de 27 sur 22 m. Bague. — m. p. 166 , n. 50.

63 — Horoscope , lion au milieu d'autres signes gnosti-
ques. — Corn. orangée. — Ov. de 16 sur 15 m. Bague. — m.
p. 166 , n. 50.

63 *bis*. — Trois objets sont sous ce n°. — Une Victoire sur
prase. — Une tête de . . . . avec le nom grec sur cornaline. —
et un Silène sur cornaline. Petites pierres d'échantillon pour la
beauté de la matière, et de bons travaux antiques, montés en
bague à l'antique.

64 — Castor debout tenant un cheval. On remarque sur
cette intaille l'expression et le faire antique ; mais dans la partie postérieure du cheval , quelques parties , sans doute endom-
magées, paraissent avoir été retouchées. — Calcédoine blanche. — Ov de 29 sur 27 m. — Bague.

65 — Victoire portant une couronne. Prase vert clair. —
Ov. de 13 sur 11 m. Bague. — m. p. 162 , n. 11.

65 *bis*. — Génie funèbre avec des ailes ; il tient un flambeau renversé et est appuyé sur une tombe. Ce travail , quoique rappelant l'enfance de l'art , date plutôt du moment
de sa décadence. Jaspe du plus beau rouge. — Ov. de 20 sur
15 m. Bague.

Relief.

66 — Buste de Démosthène. Ouvrage grec , parfait en tout.
Ce superbe camée, depuis long-temps justement apprécié, n'a
pas besoin d'apologie. — Sardoine à 2 couches, blanc-mat sur
sardoine clair. Très-belle pierre. — Ov. de 19 sur 15 m.
Bague.

67 — Buste d'une princesse romaine , et cadre autour. Fort
bel ouvrage. — Sardoine marron à 3 couches , lit blanc entre
deux sard. Magnifique pierre Ce camée est du petit nombre de
ces pierres antiques qui, par leur grandeur et leur beauté, font

le luxe des Musées des souverains.—Ov. de 36 sur 27 m. Médaillon — Remplaçant le camée n. 24 , p. 183 du Catalogue du Musée.

68 — Buste de Faustine , épouse d'Antonin le pieux. Ce monument de l'art lithoglyptique du temps des Antonins , peut être regardé , soit par rapport à l'excellence du travail , soit par rapport à l'extrême beauté de la sardoine , comme un des plus précieux qui nous soient parvenus. Telle est l'opinion d'un célèbre antiquaire , M. Viscoti , — Sardoine marron à 5 lits , 2 blancs entre 3 sardoines très-réguliers ; onyx peutêtre unique en son genre. — Ov. de 36 sur 9 m. Médaillon. — m p. 184 , n. 31. Pl. IV , fig. B.

69 — Buste de Poppée , concubine de Néron. Beau travail romain. Le mot grec CΙΡΑΤΟΝΟC paraît avoir été gravé depuis. — Sardoine cerise clair , à 3 lits , 1 blanc entre 2 sardoines. Très-belle pierre. — Ov. de 29 sur 23 m. Bague. — m. p. 184 , n. 29.

70 — Figure à mi-corps , d'une divinité appuyée sur un cippe. Fragment d'un très-beau trav. grec. Vu le petit nombre des beaux ouvrages des temps reculés , parvenus jusqu'à nous, une pierre pareille, quoique fragmentée, a toujours beaucoup de mérite pour l'histoire de l'art — Calcédoine à 2 couches , blanc sur fond incolor. — Moitié d'ovale de 18 sur 14 m. Bague. — m. p. p. 295 , n. 2*.

71 — Deux femmes dans un temple , probablement Hélène implorant Vénus (Voyez la description , Catalogue in-4°. du Musée , page 181 , nᵒ 19 , Travail délicat et bien senti, plutôt que fini. Ce camée des plus curieux , a été l'ornement de plusieurs beaux cabinets; il est cité, figuré ou décrit dans beaucoup d'auteurs , et son sujet a été l'objet d'une controverse. — Cornaline à 3 couches, lit blanc entre deux rouge-orangé. Trèsrare et bel onyx. — Octog. de 16 sur 13 m. Bague. — m. p. 181 , n. 19. Pl. V , fig. B.

71 bis. — Hébé. figure mi-corps , présente une coupe à Jupiter sous la forme d'une aigle. Quoique le travail antique romain ne soit pas des meilleurs , ce relief sur saphir n'en est

pas moins une des plus précieuses curiosités. On connaît la difficulté de travailler le saphir, et lorsqu'un relief est fait sur
une pierre d'une si grande dureté et d'une aussi grande proportion, il acquiert un mérite extraordinaire. —— Saphir fragmenté. —— Forme de cœur de 38 sur 31 m. —— Médaillon.

72 —— Néron debout est représenté sous les attributs d'Amphyon. Allusion caractéristique et adroite de la passion de cet
empereur pour la musique. Ce camée curieux par son sujet,
distingué par sa matière et précieux par son beau travail,
sans doute d'une main grecque, sera aussitôt apprécié qu'observé par le véritable amateur. — Corn. blonde, à deux
couches, lit blanc sur fond jaune. —— Ov. de 18 sur 13 m.
Bague.

72 *bis*. —— Deux amours, dont l'un est couché dans l'attitude du sommeil au pied d'un arbre. Ce camée, distingué
par le style et le bon travail romain, est une de ces pierres
très-rares, et conséquemment recherchées. Celle-ci est d'ailleurs une sardonix de belle qualité. — Sardoine maron clair,
à 2 lits, sur sardoine. — Ov. de 23 sur 18 m. — Bague.

73 — Bacchante dansant, un thyrse à la main. Il y a plus
d'élégance que de fini, dans le travail de cette pierre, objet de
l'affection d'un prince qui connaissait et protégeait les arts. —
Sardoine brune, à 2 couches, blanc sur sardoine. Belle pierre.
— Ov. de 22 sur 13 m. Bague. — m. p. 183, n. 27.

74 — Bouc en marche. Travail antique large, mais heurté.
— Sard. à 2 lits, blanc sur sard. belle couleur. — Ov. de 20
sur 14 m.

75 — Inscription latine, *felicissimus*. Bon travail. —
Corn. à 2 couches, lit blanc, sur fond rouge. Jolie petite
pierre. — Carré long de 10 sur 5 m. Bague. — mus. p. 182,
n. 21.

75 *bis*. — Jupiter sur un quadrige semble foudroyer un
Triton. Ce camée est un exemple qui atteste que même, dans
un travail ébauché, les anciens savaient imprimer le style que
nous admirons dans leurs ouvrages de sculpture. Très-belle sar

doine cerise , à 2 lits, blanc–bleu , sur sardoine. — Ov.
de 31 sur 25 m.

76 — Une main ytiphallique isolée, espèce d'amulette
Beau grenat , rouge de feu dit *vermeil*. — Long. 18 m.

77 — Un poisson isolé. Espèce d'amulette des premiers
siècles de l'église. — Jade vert , belle couleur. — de 31 sur
17 m.

Nota. Malgré la rareté des pierres gravées, réellement belles,
de cette époque importante de l'art , on en a réuni un grand
nombre ici : le faire et le style de ces temps sont tellement remarquables , que de nombreux objets de comparaison deviennent utiles. Ces gravures ont encore l'avantage de réunir, presque toutes, agrément et intérêt. Le choix en est parfait , et la
plupart des camées sont en matières magnifiques et des plus
importantes, tant par leur gravure que par leur sujet. On sait
combien ils sont rares et recherchées.

TRAVAUX DES BAS TEMPS. — *Creux*.

78 — Le Christ flagellé par deux bourreaux. Trav. hardi ,
mais sans correction ; il approche du temps de la renaissance.
— Sardoine brune. — Ov. de 59 sur 58 m. — m. p. 292 ,
n° 40*.

Relief.

79 — Buste de femme, probablement portrait. Travail mal
fait , jugé du 10e. siècle environ. — Calcédoine à 5 couleurs ,
blanc , sardoine et jaune clair. C'est un de ces camées d'un
effet extraordinaire et curieux par le parti qu'en a tiré le
graveur. — Ov. de 19 sur 14 m. Bague.

80 — Vierge debout , drapée et voilée. Travail de la décadence complete. — Jaspe–agate–versicolor. — Ov. de 64
sur 58 m.

81 — Vierge dans un vase symbolique, l'Enfant Jésus devant elle , avec une inscription grecque autour. La disposition

symbolique du sujet a fait estimer cette pierre par les antiquaires , malgré son travail qu'on peut regarder comme barbare. — Sardoine à 2 lits, blanc sur sard. — Ov. de 23 sur 18 m.

82 — St. Daniel sous un costume oriental , avec le bonnet phrygien ; son nom est écrit en grec. On ne peut trouver, dans les ouvrages de ce temps , une pierre plus importante et plus caractéristique par le sujet, le costume , la matière et le travail qui date des 4 ou 5e siècle de l'église. — Jade-vert-poireau. — Ov. de 46 sur 30 m. Médaillon. — m. p. 175 , n. 1.

83 — Mars et Vénus , à côté est un Amour. Travail qui caractérise les ouvrages du 14e siècle. — Calcédoine à 2 lits , blanc-opaque sur fond incolor. Belle pierre. — Carré arrondi de 25 sur 23 m.

84 — Une main ytiphallique isolée. Travail grossier. — Jayet. Long. de 38 m.

Nota. Le peu d'intérêt que présentent des pierres d'un travail aussi mauvais en général , fait qu'on ne les a pas multipliées , mais on a cherché des gravures bien caractérisées et des belles pierres ou curieuses.

TRAVAUX DES 15 et 16e SIÈCLES , DATE DE LA RENAISSANCE DES ARTS. — *Creux*.

85 — Buste d'Esculape , vu de face. Beau trav. du 16e siècle , qui montre qu'à cette époque où l'art avait son style, les artistes se conformaient au style antique , lorsqu'ils traitaient des sujets d'antiquité. — Aigue-marine, bleu pâle. — Ov. de 21 sur 15 m.

85 *bis*. — Buste du cardinal Albani , avec les nom du graveur. Tous les amateurs connaissent le mérite des ouvrages de Laurent Natter, graveur allemand vers le milieu du 18e siècle , auteur de la gravure de cette pierre ; ses grands talens se montrent par le fini , la pureté et le caractère de vie

qu'il a donné à cette tête. La cornaline est d'un beau rouge et éclatante. — Ov. de 16 sur 13. m. Bague.

86 — Trois figures allégoriques debout et drapées. Le travail en est bon, original et la pierre très-belle. — Cornaline orangée. — Ov. de 21 sur 19 m. Bague. — m. 165, n. 26.

86 *bis*. Mort de César. L'empereur renversé est entouré de quatre de ses assassins qui ont le bras levé pour le poignarder. Ce grand sujet a le cachet des ouvrages du 15e siècle pour le dessin, le faire et l'expression.—Calcédoine d'un blanc laiteux. Ov. de 32 sur 23 m. Bague.

87 — Apothéose de Faustine. Sujet de plusieurs figures.— Corn. d'un rouge foncé. — Ov. de 27 sur 22 m. Bague. — m. p. 164 , n. 20.

87 *bis*. — Bacchanale : Silène et plusieurs enfans sont groupés autour d'un lion couché. Le travail; sans être fini, est expressif. — Cornal. orangée , vive et pure. — Ov. de 19 sur 15 m. Bague.

88 — Hercule enfant, étouffant 2 serpens. Le travail est gracieux et fini ; il donne l'idée du style un peu maniéré qui se voit dans les ouvrages du 16e siècle , et qui ne s'est perdu que de nos jours. La sardoine est d'une pâte très estimée et très-rare ; elle a de plus le mérite de la grandeur.— Sardoine brune , à 3 lits, 1 blanc entre 2 sardoines. Superbe pierre. — Ov. de 31 sur 23 m. Bague. — m. p. 174 , n. 18.

89 — Caractères arabes , entourés d'un filet. Cette pierre est un des échantillons des gravures de ce genre par la légèreté, la finesse du travail et la pureté du trait. — Calcédoine blanche. — Ov. de 23 sur 17 m. — m. 162 , n. 12.

89 *bis*. — Inscription arménienne dont le travail assez bon paraît ancien. La cornaline d'un beau rouge vif , est des plus belles. — Oct. de 16 sur 13 m. Bague.

Relief.

90 — Buste qui paraît être celui de Drusus, très en relief. Le travail est bon , mais il marque peu , cette substance n'é-

tant guère propre à la gravure. Emeraude verte , belle teinte ,
très-remarquable par son volume extraordinaire. — Ov. de
20 sur 15 m. Médaillon. — m. p. 175 , n. 3.

91 — Buste de femme. Portrait très en relief ; cet ouvrage
sicilien du 16ᵉ siècle , se distingue par son fini et son agrément. — Calcédoine à 2 couches , lit blanc sur fond incolor.
— Ov. de 20 sur 14 m. Bague. — m. p. 176 , n. 2.

92 — Buste de princesse , avec un collier forme de perle.
La pierre , en offrant un bon travail du 16ᵉ siècle , est l'échan-
tillon du lapis du plus beau bleu. — Ov. de 24 sur 18 m.
Bague.

93 — Buste du Christ, et au revers , le buste de la Vierge.
Travail senti et assez fini , qui rappelle les premiers momens
de la renaissance. Jaspe dit *vert sanguin* , avec taches rouges.
La beauté du jaspe et le parti qu'on en a tiré donnent de l'importance à cette grande pierre. — Ov. de 49 sur 39 m. Médaillon. — m. p. 176, n. 1.

94 — Didon et Énée prenent le divertissement de la chasse;
sujet où figurent plusieurs personnes; un sanglier blessé par
Didon , est assailli par les chiens. La manière dont ce camée
est fouillé détache presqu'en entier quelques-unes de ces figures,
et le rend très-remarquable parmi les ouvrages du 15ᵉ siècle ,
dont il porte le cachet. — Calcédoine à 2 lits , blanc sur
gris. — Ov. de 35 sur 24 m. Médaillon sur boîte. — m.
177 , nº 4. Pl. V , fig. A.

95 — Horatius Coclès , défendant le passage du pont Su-
blicius contre l'armée étrusque. La composition du sujet est
très-agréable , et par la finesse et par la beauté du travail. Ce
Camée est un des plus parfaits de ceux du 15ᵉ siècle. — Calcédoine à 2 lits , blanc sur fonds gris. Elle est fendue. — Ov.
de 38 sur 28 m. Médaillon entouré de beaux grenats rouges
de Bohême. Monture du 15ᵉ siècle.

96 — Trois petits enfans jouant ensemble. Tr. sicilien, du 15ᵉ
siècle , curieux par sa finesse et sa délicatesse. — Calcédoine à
2 lits , blanc sur fond gris. — Ov. de 10 sur 8 m. Bague. —
m. p. 178 , n. 7.

97 — Un faune et une nymphe au pied d'un arbre. Travail d'un bon style et dessin correct. — Ambre jaune, la plus belle couleur. — Ov. de 60 sur 46 m. Médaillon. — m. p. 175, n. 6.

98 — La charité représentée par une femme portant 2 enfans; au revers, la justice, avec ses attributs. Ouvrage correct, mais non fini. Corail rouge. — Ov. de 37 sur 21 m. Bague.

Nota. Cette époque a produit de bonnes compositions, des ouvrages bien finis, mais qui manquent en général du sentiment et de l'énergie du style antique. Le nombre des pierres rassemblées ci-dessus suffit pour faire connaître les ouvrages les plus marquans de ce temps, et pour donner l'idée de la manière dont on travaillait alors.

TRAVAUX ANTIQUES DOUTEUX, et IMITATION DE L'ANTIQUE. — *Creux.*

99 — Trio socratique, ou têtes de Socrate, d'Alcibiade et d'Aspasie, accolées; un nom grec à côté. Cette pierre est jugée antique par de vrais connaisseurs, le travail en est bon et la pierre très-belle et curieuse. — Cornal. rouge, éclatante. — Ov. de 17 sur 13 m. Bague. — m. p. 165, n. 25.

100 — Tête de Ptolomée, dite tête d'Alexandre. Ce beau travail a été jugé antique par quelques savans, et moderne par d'autres. Dans le doute on l'a placé dans cette série, cela ne faisant rien perdre au mérite de sa belle gravure. — Jaspe vert. — Ronde de 17 m. Bague. — m. p. 161, n. 6.

101 — Tête de Pertinax, dont le travail bien fini fait retrouver le style et les beautés de l'antique. la sardoine marron est une belle pierre. — Ov. de 27 sur 19 m. Bague. — m. p. 168, n. 40.

101 *bis.* — Tête de Caracalla, on retrouve dans cette tête le fini avec toute l'expression et le style de l'antique. — La sardoine marron clair est très-belle. — Ov. de 15 sur 12 m. Bague.

102 — Masque scénique de Silène. Le style et l'expression sont ceux de ces sortes d'antiques. — Grenat syrien violet, très-

beau. — Ov. cabochon de 19 sur 15 m. Bague. — m. p. 169, n. 43.

103 — Quatre têtes groupées de manière qu'on ne les aperçoit que successivement en tournant la pierre. Les anciens aimaient ces jeux de gravure. — Cristal de roche incolor. — Ov. de 15 sur 12 m. Bague.

104 — Hercule debout, une peau de lion sur l'épaule, et tenant sa massue appuyée sur terre, il paraît s'entretenir avec Evandre aussi debout et appuyé le coude sur un cipe. L'opinion des savans est partagée sur l'antiquité de cette intaille. Mais même en ne la supposant pas antique, le style, le faire, l'expression, le sujet et la belle matière, la mettent au nombre des pierres importantes. — Sardoine brune, très-belle. — Ov. de 25 sur 19 m. Bague.

105 — Hercule écorchant le lion de Némée, suspendu à un arbre: le nom en grec de Démétrius est à côté. On doit appliquer à cette pierre ce qui est dit pour la précédente n. 104. — Cornal. jaune d'une belle couleur, dite c. *blonde*. — Ov. de 24 sur 20 m. Bague. — m. p. 168, n. 37. Pl. III, fig. A.

106 — Neptune traîné par deux chevaux marins. Travail heurté dans le faire antique. — Sardoine cerise, avec bandes bleuâtres. Très-belle pierre. — Ov. de 27 sur 20 m. Bague. — m. p. 174, n. 21.

106 *bis*. — Figure debout qui paraît celle d'une muse, derrière elle est une colonne. Style étrusque. Camée remarquable par la beauté de la pierre. — Calcédoine barrée par une bande sardoine. — Ov. 17 sur 10 m.

107 — Méléagre debout. Travail fini, style antique. — Calcédoine blanche, pure. — Ov. de 24 sur 17 m. Bague. — m. p. 163, n. 14.

108 — Hercule recevant une couronne de l'Amour. Trav. heurté, imitant l'antique. — Sard. marron foncé, fort belle. — Ov. de 18 sur 15 m. — Bague.

109 — Faune dansant. Copie de l'ant. — Calcéd. à 2 couches blanc sur noir, baignée. C'est un échantillon de ces onyx qu'on colore en Italie. Par un procédé nommé *bain*. — Ov. de 22 sur 14 m. Bague. — m. p. 174, n. 20.

110 — Guerrier étrusque. Style et faire étrusque. — Jaspe rouge. — Ov. de 14 sur 11 m. Bague. — m. p. 161, n. 8.

Relief.

111 — Tête d'Alexandre-le-Grand. On y trouve le large et le fini précieux des antiques. — Turquoise verte précieuse par sa pureté et l'homogénéité de sa belle couleur. — Ov. de 16 sur 14 m. Bague. — m. p. 176, n. 8.

112 — Buste de Matidie, nièce de Trajan. Agréable travail, antique retouché. — Corn. blonde à 3 couches, lit blanc entre deux jaunes. La disposition des couches de cet onyx et sa pureté en font une charmante pierre. — Ov. de 17 sur 14 m. Bague. — m. p. 182, n. 22.

113 — Tête d'Hercule jeune, copie de l'Hercule dit de Strozzi. Beau travail. — Corn. à 3 couches, blanc, rouge et jaune. Cette belle copie n'est pas moins recommandable par la pureté et la rareté de cette espèce d'onyx. — Ov. de 21 sur 17 m. Bague. — m. 180, n. 18.

114 — Têtes de Marc-Aurèle et de Faustine, en regard. Travail senti, mais peu fini. — Corn. blonde, à 2 couches, lit blanc sur fond jaune. Charmante pierre. — Ov. de 22 sur 14 m. Bague. — m. p. 185, n. 23.

115 — Buste d'Isis. Bonne imitation du style et du travail égyptien. — Calcédoine à 2 lits, vert-olive sur fond incolor. Matière aussi rare que curieuse. — Ov. de 19 sur 16 m. Bague. — m. p. 177, n. 6.

116 — Buste d'Omphale, coiffée de la peau du lion de Némée. Bon travail antique, mais un peu retouché. — Sard. à 3 lits, 1 blanc entre 2 sardoines. La grande beauté de la matière donne à ce camée un effet étonnant. — Ov. de 22 sur 17 m. Bague.

117 — Faune jouant de la double flûte, imitation de l'antique. Travail gracieux. — Jaspe à 2 lits, blanc sur fond vert. Les onyx de ces deux couleurs sont on ne saurait plus rares et d'un effet très-agréable. — Ov. de 19 sur 10 m. bague.

118 — Achille au tombeau de Patrocle. Groupe de 4 fig. Copie d'un camée antique. Quoique copie, un ouvrage de cette importance, fait par Amastini, l'un des meilleurs artistes de nos jours, est très-apprécié. — Calcédoine baignée à 2 lits, baignée, lit blanc sur fond noir. — Ov. de 29 sur 23 m. Bague. — m. p. 179, n. 8.

119 — Le centaure Nessus enlevant Déjanire. Travail heurté, style antique. — Sardoine à 2 lits, sardoine orangée, sur fond sardoine clair. Pierre rare, curieuse et d'un très-agréable effet. — Ov. de 19 sur 15 m. — Bague.

Nota. On a rassemblé sous ce titre : 1° des pierres jugées antiques par quelques savans, et modernes par d'autres ; 2°. des copies des beaux ouvrages antiques ; et 3°. des pierres que les artistes de tous les âges ont gravées dans les différens styles de l'antiquité, afin de mieux tromper les yeux. Les pierres de cet ensemble, comparées avec les vrais antiques, apprerdront à discerner les nuances presque imperceptibles qui distinguent le vrai du faux ; elles offrent d'ailleurs de très-bonnes gravures et des belles matières.

TRAVAUX MODERNES ET DES SIECLES DERNIERS.
— *Creux.*

120 — Tête d'Antinoüs : bel ouvrage d'autant plus remarquable que la matière est des plus difficiles à travailler. — Saphir bleu clair, jolie couleur, et distingué par une pureté et un éclat qu'on trouve rarement dans les saphirs gravés. — Octog. à bord facetté, de 15 sur 12 m. Bague. — m. p. 170, n. 47.

121 — Buste de madame de ***, une colombe sur l'épaule. Agréable ouvrage de Gay, artiste habile du siècle dernier. — Cornaline jaune-orangée, éclatante ; c'est le plus bel échantillon de cette espèce de pierre. — Ov. de 23 sur 17 m. Bague. — m. 66, n. 33.

122 — Tête d'Achille, coiffée d'un casque. Cet ouvrage de Rega, l'artiste de nos jours le plus justement célèbre, réunit au noble style de l'antiquité, la précision et le fini qui sont l'attribut des gravures modernes. — Améthiste violette. Très-

belle pierre. — Ov. de 26 sur 22 m. Bague. — m. p. 169 ,
n. 42.

125 — Tête de Bacchus jeune. Ce bon et gracieux travail
est de Brown , graveur anglais très-estimé. — La Cornaline
est distinguée par sa couleur d'un rouge vif très-beau. — Ov.
de 20 sur 15 m. Bague. — m. p. 165 , n. 27.

124 — Tête de femme grecque. Travail de Berini. —
Cornaline rouge-foncé. Superbe pierre. — Ov. de 35 sur 29
m. Bague. — m. 164 , n. 21.

125 — Tête de Méduse. Travail ordinaire ; mais la cornaline rubanée est très-curieuse. — Ov. de 20 sur 16 m. Bague.
— m. 175 , n. 13.

126 — Buste de Cléopâtre. — Prase verte , des plus belles.
— Ov. de 13 sur 11 m. Bague.

127 — Tête de Méduse. Calcédoine ponctuée en rouge ;
échantillon d'une pierre curieuse. — Ov. de 16 sur 14 m. Bague. — m. 172 , n. 10.

128 — Diane devant son arc au-dessus de sa tête. Bon
travail du siècle dernier sur cabochon très-élevé. On sent la
difficulté qu'il y a à donner la pose et les proportions à une
figure gravée sur un pareil cabochon. Grenat de Ceylan rouge
vineux très-beau , ce qui ajoute à la valeur de cet article. —
Ov. de 26 sur 15 m. Bague. — m. 169 , n. 45.

129 — Pallas vêtue et armée , traînée par deux serpens.
Bon creux , travail par. Cette pierre sur un rubis balais rose ,
d'une couleur aimable , n'est pas une chose ordinaire. — Ov.
de 15 sur 10 m. Bague.

130 — Vestale portant une coupe. Le dessin , l'élégance
de la pose et le gracieux du travail de cette pierre , la mettent au premier rang des ouvrages de Pikler. — La sardoine
cerise foncée est des plus belles. — Ov. de 25 sur 18 m. Bague. — m. 168 , n. 58.

131 — Deux boxeurs anglais prêts à se frapper. Cet ouvrage d'un beau dessin , d'une touche ferme et expressive ,

fait honneur à l'artiste anglais Brown. — Albopale blanc , à reflet aurore. Pierre belle et rare. — Ov. de 25 sur 22 m. — Bague.

152 — Hercule étouffant le lion dans ses bras. Ce sujet connu est ici traité d'une manière large , sentie et correcte par Passamonti, qui , en faisant très-bien , laisse encore de plus grandes espérances. Le volume et la beauté de la sardoine cerise , rehaussent la valeur de cette superbe pierre. Le style et la touche de cette belle gravure de Pikler est imitée de l'étrusque. — Sardoine teinte orangée. — Ov. de 38 sur 31 m. Médaillon.

152 *bis*. — L'Amour et Psyché sont couchés sur un lit élégant et couronnés par un petit amour, un zéphyr les contemple et deux nymphes versent de l'eau sur la main de l'amour. La composition agréable de ce sujet et le gracieux du dessin et de la touche, distinguent ce charmant ouvrage d'un de nos meilleurs auteurs modernes. — Cornaline orangée , éclatante et de la plus grande beauté. — Ov. 29 sur 20 m. Bague.

153 — Cavalier étrusque. La main de l'artiste semblait inspirée par Vernet , en traçant le cheval. — Grenat de Bohême, dit *vermeil-rouge-orangé* , et de la plus grande beauté. — Ov. de 20 sur 17 m. Bague. — m. 44.

154 — Apothéose d'Homère : une muse dépose au pied d'un cipe , sur lequel est le buste d'Homère, une couronne de myrte , etc. Bel ouvrage de Calendrelli. — La cornal. rouge , éclatante de la couleur la plus agréable , se place au rang des plus belles pierres. — Ov. de 27 sur 22 m. Bague. — m. 164, n. 24.

155 — Orphée enlevant Euridyce des enfers. On admire , dans cette gravure de grande dimension, le dessin, le gracieux et le fini des plus beaux ouvrages de Pikler qui en est l'auteur. — Sardoine claire , très-belle. — Ov. de 45 sur 46 m. Médaillon. — m. 292 , n. 40**.

156 — Diane chassant, un arc à la main. Le dessin et la pose légère annoncent combien Santarelli était pénétré de

son sujet , lorsqu'il fit cette belle gravure. — Calcédoine à 2 couches. *Nicolo.* Magnifique par sa grandeur et sa pureté.— Ov. de 40 sur 27 m. Bague.

137 — Vénus assise au bain. Bon travail. — Cornaline de 2 couleurs , orange et blanc. La tansparence de l'eau laisse apercevoir la jambe et fait un charmant effet. — Ov. de 15 sur 13 m. Bague. — m. 173 , n. 13.

138 — Victoire ailée , écrivant sur un bouclier. Joli travail. — Sardoine rubané en blanc; elle est par ses couleurs le type de la beauté de ces pierres — Ov. de 23 sur 19 m. Bague. m. 174 , n. 21.

139 — Bacchanale de 3 faunes et une chèvre, d'un faire gracieux et facile. — Cornaline à 2 couches , blanc sur rouge. C'est un échantillon de choix de cornaline brûlée. — Ov. de 53 sur 27 m. Médaillon. — m. 172, n. 12.

140 — Bacchanale de 6 figures. Travail peu fini , mais agréable.—Chrysophrase verte, belle couleur; cette charmante pierre a été rarement gravée. — Ov. de 21 sur 17 m. Bague. — m. 168, n. 41.

141 — Vénus sortant du bain. — Calcédoine rose. Cette matière rarement gravée , se trouve rarement aussi belle. — Ov. de 22 sur 18 m. Bague. — m. p. 163 , n. 15.

142 — Sujet érotique , nymphe et satyre. Composition piquante. — Calcédoine bleue , dite *saphirine* ; on peut la dire du plus beau choix. — Ov. de 20 sur 16 m. Bague. — m. p. 163 , n. 16.

143 — Neptune sur son char. — Calcédoine bleu pâle. Bel échantillon de fausse saphirine , colorée par l'art. — Ov. de 56 sur 29 m. Bague.—m. p. 163, n. 17.

144 — Ancre entourée d'un dauphin , symbole de la paix maritime. — Feld-spath opalin , dit *pierre de lune.* belle pierre. — Ov. de 16 sur 10 m. Bague. — m. p. 160, n. 3.

145 — Autel. — Calcédoine à 3 couches , baignée. — Ov. de 16 sur 13 m. Bague. — m. p. 174 , n. 19.

Reliefs.

146 — Buste d'Henri IV , roi de France , par Col-Doré, le meilleur artiste de ce temps-là. Un bon et difficile travail , un rubis d'Orient , et sur-tout le portrait frappant d'un roi toujours chéri des Français , voilà bien des motifs pour faire rechercher ce bijoux. — Rubis d'Orient. Belle couleur. — Ov. de 14 sur 12 m. Bague. — m. p. 175 , n. 5.

147 — Buste de l'impératrice-reine Marie-Thérèse. Un portrait aussi intéressant, sur une grande et magnifique turquoise, ne peut manquer d'être justement apprécié. — Ov. de 20 sur 14 m. Bague entourée de brillans. — m. 175 , n. 7.

148 — Buste de Catherine II , impératrice de Russie. Qui ne désirerait pas le portrait d'une princesse aussi célèbre , surtout lorsqu'il forme un très-beau camée. — Sardoine à 3 couches , lit blanc entre deux. — Ov. de 30 sur 23 m. Bague. — m. p. 183 , n. 26.

149 — Buste d'Alexandre-le-Grand. Travail bon et fini. — Silex à 2 couches , blanc sur noir. Cette pierre rarement travaillée est curieuse et d'un bel effet. — Ov. de 32 sur 25 m. Médaillon. — m. p. 185 , n. 33.

149 *bis.* — Buste de Nymphe , vu de face et très en relief. Cette tête , fruit d'un très-grand travail, est fort agréablement faite. Il est rare de trouver une saphirine aussi grande , aussi égale et d'une aussi grande pureté. — Ov. de 35 sur 23 m.

150 — Tête de Louis XV , roi de France. Bon travail. — Calcédoine à 2 couches, lit blanc sur fond violet ponctué. — Ov. de 17 sur 14 m. Bague. — m. p. 178 , n. 9.

150 *bis.* — Buste de Psyché ailée. Le grand talent de Pistrucci se montre sur cette charmante tête , qui , d'ailleurs , est gravée sur une magnifique sardonyx. — Sardoine cerise, à 5 lits, un blanc entre deux lits sardoines. — Ovale de 23 sur 21. Bague.

151 — Tête de Bacchus jeune , sous les traits d'Antinoüs ,

l'un des beaux ouvrages de Girometty. Grand camée d'autant plus capital , que la matière est pure et très-belle. — Calcédoine à 3 lits. — Sardoine , blanc et fond incolor. — Ov. de 44 sur 34 m. Médaillon. — m. 176 , n. 3.

152 — Tête de nègre complète , isolée. Très-bon travail. — Sardoine onyxée en blanc. Belle matière , d'un charmant effet , même par le parti qu'on a su tirer de ses couleurs. Hauteur de la tête 27 m. Le buste est en argent doré , orné de perles.— m. 185 , n. 32.

153 — Tête de Thésée. Un des beaux et derniers ouvrages de Caparoni. On y trouve le style noble , le fini et la hardiesse de touche de cet habile artiste. — Calcéd. à 2 lits , beau blanc sur fond noir, superbe pierre baignée. — Ov. de 28 sur 22 m. Bague. — m. 180 , n. 17.

154 — Tête de Minerve très en relief , couleur de chair, casque brun , sur fond en cornaline rouge. L'artiste a si bien tiré parti des couches de l'onyx , que la figure , le casque , etc. se trouvent dans les couleurs qui leur sont naturelles ; aussi ce charmant camée est-il regardé comme une curiosité. — Ov. de 14 sur 9 m. Bague. — m. 180 , n. 14.

155 — Tête de Commode, très en relief. — Calcéd. jaune-miel et noir. Belle pierre par le parti qu'on a tiré de ses couleurs. — Ov. de 31 sur 24 m. Bague. — m. 179 , n. 12.

156 — Tête de Nymphe, très en relief. Travail gracieux. — Calcédoine à 2 couches , couleur de chair , sur fond incolor. Très-jolie matière. — Ov. de 28 sur 26 m. Bague. — m. 177, n. 5.

157 — Buste de Génie ou de Flore , d'un travail agréable. — Calcédoine à 8 couches , 4 lits blancs et 4 roses. Quatre de ces lits ne se voient qu'au revers. Bel échantillon des agates d'Allemagne, employées de nos jours. — Ov. de 33 sur 26 m. Médaillon. — m. p. 178 , n. 10.

158 — Tête de, ... — Cornaline à 2 couches , lit beau blanc , sur fond rouge. C'est un échantillon d'onyx de la plus grande beauté. — Ov. de 29 sur 18 m. Bague.

159 — Buste de Flore. — Calcédoine à 4 couches, blanc, rouge, blanc sur fond incolor. Matière curieuse. — Ov. de 20 sur 15 m. Bague. — m. p. 179, n 15.

160 — Tête de faune. Bon travail d'expression. — Calcédoine à 2 lits, rouge sur fond violacé. Le grand effet et la rareté de cette belle matière distinguent ce camée. — Ov. de 40 sur 27 m. Bague.

161 — Tête de. . . . . . — Chrysoprase, à 2 lits, blanc sur fond vert. Un camée en Chrysoprase est une véritable rareté. Celui-ci est d'un superbe effet. — Oct. de 29 sur 23 m. Médaillon. — m. p. 000, n. 52.

162 — Tête de Minerve. — Sardoine à 2 lits, sardoine sur fond blanc. Belle matière. Dans cette sardonyx, la figure est prise sur la couche. sardoine. — Ov. de 25 sur 19 m. Bague. — m. 185, n. 28.

165 — Tête de Flore. Gracieux travail. — Cornaline à 2 lits, blanc sur fond rouge. C'est un charmant échantillon de ces beaux onyx. — Ov. de 14 sur 12 m. Bague. — m. p. 182, n. 20.

164 — Tête inconnue. — Feld-spath vert chatoyant, dite *pierre des Amazones*. Matière peu agréable en gravure. — Ov. de 22 sur 17 m. Bague. — m. p. 173, n. 2.

165 — Masque de singe isolé, très en relief. Bon travail. — Chatoyante (quartz) gris-jaunâtre. Pierre d'un effet curieux et naturelle. — Ov. de 14 sur 12 m. Bague.

166 — Tête d'homme, avec les cornes de Jupiter Ammon, très en relief. Bon travail. — Sardoine à 2 lits, orangé sur blanc. Cette substance est d'un coup-d'œil agréable. — Ov. de 29 sur 23 m. Bague — m. p. 185, n. 25.

167 — Une offrande à l'amour est le sujet de ce magnifique camée. Une nymphe demi-nue dépose des fleurs aux pieds de l'autel où est placé l'amour ; une autre nymphe élève le bras pour le couronner, et un faune joue de la double flûte : un cadre est pris dans la pierre. Le sujet est d'une composition agréable, et les figures ont de l'expression et de la grâce

dans la pose. Ce camée est de la fin du 17ᵉ siècle , et n'est pas moins recommandable par la pierre qui est rare et curieuse. — Calcédoine à 2 couches, lit blanc sur fond vert. — Ov. de 66 sur 50 m. Médaillon sur boîte d'or. — m. p. 178, n. 11. Pl. IV , fig. A.

168 — Les Quatre Saisons. Sujet à 4 figures sur 4 camées en même calcédoine , blanc sur vert ; mais le travail est un peu moins fini. — Ov. de 21 et 16 sur 14 m. — *Ibidem.*

168 *bis*. — Statue isolée de Minerve , debout, drapée et un casque sur la tête ; bon ouvrage qu'on croit du 17ᵉ siècle ; en voyant ce petit monument extraordinaire, on s'étonne également et de la grandeur du travail et du grand volume de la pierre , dite *prime d'éméraude* dans le commerce (plasma des naturalistes). Cette substance rare est vert foncé translucide. — Haut. 97 m.

169 — Triomphe d'Alexandre Iᵉʳ, empereur de Russie. Le héros est placé sur un bige , le génie de la Victoire plane à côté de lui, et Mars en avant guide les chevaux ; cette grande composition du célèbre Pistrucci présente, en même temps que le fini , une touche ferme, un beau dessin et un style noble. — Calcédoine à 3 couches, brun , blanc sur noir. Superbe pierre , mais baignée. — Ov. de 58 sur 45 m. Médaillon.

170 Uranie debout élevant un globe. — Opale à 2 couches, lit beau jaune mat sur fond blanc , couleur de feu en face de la lumière. Cette pierre unique est aussi agréable que précieuse. - Ov. de 58 sur 23 m. Médaillon.

171 — Groupe de Laocoon , très en relief. C'est , par son beau travail , une des pierres les plus remarquables de ce genre. — Silex dit *tenero duro* , à 2 couches , lit blanc sur fond jaune-brun. — Rond de 51 m. Médaillon.

172 — Faune avec une Nymphe sur ses genoux. Travail heurté. — Calcédoine à 2 lits. — Cornaline foncée sur saphirine bleue. La beauté et la rareté de la pierre recommandent particulièrement ce camée. — Ov. de 22 sur 18 m. Bague. — m. 180 , n. 15.

(81)

173 — Cinq enfans jouant ensemble , joliment groupés. — Malachite verte veinée. Echantillon choisi de gravure sur cette matière. — Ov. de 28 sur 23 m. Bague. — m. p. 185, n. 34.

174 — Lion en marche. — Calcédoine à 2 lits. — Cornaline brune , sur fond incolor. La beauté de la matière et un bon travail, recommandent ce camée d'un bel effet. — Ov. de 29 sur 21 m. Bague. — m. p. 180, n. 16.

175 — Tigre en marche , améthyste à 2 lits, gris-fauve , tacheté de brun comme dans le tigre , sur fond violet ; au revers , une bacchante en creux. Il sera facile de voir que cette pierre offre un heureux accident qui ajoute à son mérite. — Ov. de 23 sur 15 m. Bague.

176 — Lézard étendu. — Calcédoine à 2 lits , beau vert sur fond incolor. La pierre est d'un bel effet , curieuse et rare. Ov. de 17 sur 12 m.

Nota. Le style et la manière de faire ont si varié dans les deux derniers siècles , qu'il fallait un assez grand nombre de pierres pour en juger. L'attachement aux belles et rares matières a aussi agrandi cette série , et fait quelquefois passer sur la médiocrité du travail. Le choix que nous offrons est très-beau , et renferme les pierres les plus précieuses et les plus capitales, sur-tout en camées, tant pour la grandeur ou l'intérêt des sujets , la perfection du travail , que pour la beauté des matières. Cette série de pierres nous démontre que si les anciens artistes litho-glypticiens sont encore nos maitres, sous le rapport de la grandeur et de la force du style ; nos artistes modernes peuvent non-seulement soutenir le parallèle , mais même l'emporter en quelques genres de perfection.

COQUILLES , VERRES ET PATES GRAVÉES. — *En Reliefs.*

177 — Vénus et Mars dans les filets de Vulcain. Bel ouvrage , et agréable composition du 16ᵉ. siècle. — Coquille onyx , blanc sur gris. — Ov. de 58 sur 56 m.

178 — Trois camées , bustes et sujets. Choix de beaux

travaux modernes. — Coquilles onyx blanc sur rouge et sur gris. — Dimension de 28 à 36 m.

En Creux.

179 — Sept pièces, bustes ou sujets intéressans, dont une copie du chien Cyrius, antique. Tour de force pour le travail. — Pâtes ou verres de diverses couleurs; l'une est onyx, deux sont antiques. — Dimension de 15 à 36 m.

Nota. Ce petit nombre, d'un choix bien entendu, suffit pour mettre à même de discerner ces objets d'avec les pierres, et pour donner la connaissance de ces sortes de matières; elles sont, la plupart, montées en bague et en médaillon.

Observation. On trouvera à la Collection des gemmes, article *calcédoine*, *cornaline*, etc., les pierres qui forment l'appendice des pierres gravées dans le *Catalogue du Musée.*

DEUXIEME PARTIE.

AGATES ET PIERRES ARBORISÉES, ACCIDENTÉES, FIGURÉES.

Dans cette deuxième partie, on a rassemblé les diverses espèces de pierres dites *accidentées* qui s'emploient en bijoux et qu'on désigne ainsi, parce qu'elles tirent plutôt leur mérite d'une circonstance accidentelle que des qualités propres à la matière principale. Ces sortes de pierres sont :

1°. Les agates et pierres dites *arborisées*, dans lesquelles une substance étrangère s'est agrégée assez régulièrement pour présenter des arborisations d'un dessin et d'un effet naturels;

2°. Les pierres dites *accidentées*, dans lesquelles la substance étrangère s'est aussi agrégée séparément en filets formant des faisceaux, des réseaux, des plumets, etc. mais sans offrir des imitations de végétaux, etc.;

3°. Les pierres *figurées*, sur lesquelles on trouve la représentation d'une figure ou d'un être ; représentation produite par le seul effet du hasard de la coupe ;

4°. Les beaux *bois* et *madrépores agatisés* ;

5°. Les *succins* ou *ambres jaunes* renfermant des *insectes* ;

On y a joint une Collection de *boîtes* faites des diverses substances qu'on emploie à ces sortes de bijoux.

Ici, l'art ne vient point unir ses agrémens aux charmes des perfections de la nature, et les connaissances à acquérir portent seulement sur ces produits naturels et extraordinaires ; mais ces petits chefs-d'œuvre de la nature sont tellement variés, ils offrent des effets si agréables ou si curieux ; ils inspirent tellement le désir de découvrir les procédés naturels qui les ont produits, que cette étude présente des jouissances à l'esprit et aux yeux ; car tandis que l'on s'éclaire sur les mystères de la nature, la vue embrasse avec une vive satisfaction cet ensemble de phénomènes variés, qui sont tous agréables, et dont plusieurs sont uniques par leur beauté, et sont de la plus grande valeur.

C'est dire assez que le choix de ces pierres est des plus précieux. On trouvera dans le *Catalogue du Musée*, non-seulement leur description complète, mais une notice où l'on développe les procédés et le système d'ordre qu'emploie la nature dans la formation de chacune des espèces de ces pierres accidentées.

§. I. PIERRES AVEC ARBORISATION.

180 — Arbrisseau en noir, dans une agate incolor. Beau dessin et bel effet. — Ov. de 23 sur 19 m. Bague. — m. p. 187, n. 1.

181 — Ramifications imitant une alve marine. Dessin correct. — Ov. de 26 sur 25 m. — m. p. 188, n. 2.

182 — Ramifications imitant une conferve étalée. Rien n'égale la finesse et la régularité de ce beau dessin. Ouvr.,

unique de la nature. — **Ov. de** 18 **sur** 15 **m. Médaillon.—m. n.** 3

182 *bis*. — Ramifications imitant une autre variété de conferve, en brun sardoine sur calcédoine incolor. Le dessin varié est agréable. — **Ronde de** 21 **m.**

183 — Fleur. Espèce d'anémone sur son pédoncule. Charmante pierre. — **Ov. de** 18 **sur** 15 **m. — m. n.** 4.

184 — Grande branche d'arbre dessinée avec toute la régularité, la grâce et la délicatesse dans les détails. Pierre parfaite en tout, et unique. — **Ov. de** 42 **sur** 37 **m. Médaillon. — m. n.** 5. **Pl. II, fig. B.**

184 *bis*. — Buisson léger, en noir dans une agate saphirine bleue. Cette couleur est rare et curieuse. — **Ov. de** 54 **sur** 22 **m.**

185 — Neuf agates avec arbres, ramifications, buissons ou flocons mousseux, offrant toutes les variétés caractéristiques de ces arborisations. — **Dimension de** 16 **à** 70 **m. — m. n.** 6—14.

186 — Neuf autres agates offrant des variétés moins agréables. — **m. n.** 15.

187 — Arbrisseaux en buissons, d'un beau rouge sur calcédoine incolor. Dessin correct et fin. Pierre des plus rares et du plus bel effet. — **Ov. de** 15 **sur** 13 **m. — m. p.** 189, **n.** 16.

188 — Jolis arbrisseaux d'un rouge éclatant, sur une terrasse. Charmante pierre. — **Ronde de** 11 **m. Bague. — m. p.** 190, **n.** 17.

189 — Flocon mousseux, imitant une chenille. Effet curieux. — **Ov. de** 16 **sur** 12 **m. — m.** 190, **n.** 18.

190 — Arbrisseaux et buissons sur la pointe d'une île. — **Ov. de** 20 **sur** 16 **m. — m. n.** 19.

191 — Buisson rameux agréablement dessiné en beau rouge. C'est aussi l'une des plus belles de cette rare espèce. — **Carré de** 15 **sur** 13 **m. — m. n.** 20

192 — Trois agates avec ramifications diverses, rouges.
— Dimension de 19 à 49 m. — m. n. 21, 22, 23.

193 — Autres agates offrant des variétés moins intéressantes. — m. n. 24.

194 — Cristal de roche limpide, avec rameaux, d'un dessin agréable en argent. Pierre curieuse et des plus rares. —
Carré de 14 sur 11 m. — m. p. 190, n. 25.

195 — Trois pierres avec ramifications en or et en argent.
— Dimension de 35 à 64 m. — m. p. 191, n. 26—28.

196 — Rameaux imitant des plumes tordues en blanc sur
quartz jaune. — Carré de 60 sur 33 m. — m. n. 29.

196 *bis.* — Ramification en noir, à grands traits, dans
un quartz blanc, de Sibérie. — Plaque carrée de 80 m.
sur 55.

197 — Arbrisseaux et dendrites en noir, sur turquoise
bleue. — Carré de 13 sur 20 m.

Nota. On ne peut réunir un plus beau choix de ces arborisations ; on y trouve non-seulement toutes les variétés bien
caractérisées ; mais encore plusieurs pierres du plus grand
prix par leur beauté et leur perfection. Il en est une unique,
dessinée dans le Catalogue in-4.°, planche II. Il en est aussi de
parfaites parmi les rouges, on sait qu'elles sont extrêmement
rares dans cette couleur; enfin il en est d'autres qui sont également des phénomènes de divers genres, et qui toutes appellent
agréablement notre attention sur les incomparables procédés
de la nature. Elles sont la plupart montées en bague ; 2 sont
entourées de diamans et 2 sont sur des tabatières doublées d'or.

§. II. PIERRES ACCIDENTÉES.

198 — Quatre quartz limpides, contenant des aiguilles de
titane oxidé rouge en faisceaux, en gerbes ou entre-croisées.
Ils caractérisent la beauté de ces pierres. — Dimension de
21 à 58 m. — m. p. 191, n. 1-3.

199 — Deux quatz limpides, avec petits plumets dits *flèches d'amour.* — Ov. de 18 à 24 m. — m. 45.

200 — Huit pierres offrant des touffes de filets et des flocons mousseux de diverses substances et couleurs, toutes bien caractérisées et du plus beau choix. — Dimension de 18 à 86 m. — m. 5 à 11.

201 — Quatre quartz limpides avec aiguilles d'amphibole et de tourmalines verts. — Dimension de 25 à 56 m. — m. 12-13.

202 — Quatre pierres à touffes de filamens ou aiguilles de diverses formes et substances, dont l'une imite la girande d'un feu d'artifice. — Dimension de 18 à 81 m. — m 14-17.

202 *bis.* — Quartz limpide, contenant des petits cristaux octaedres solitaires, ou groupés de fer arsenical ou de schéelin ferruginé. Cette pierre pure est une curiosité. — Ov. de 26 sur 20.

203 — Quartz limpide, contenant des primes de mica vert, forme vermiculaire. Très-curieuse. — Ovale de 28 sur 21 m.

203 *bis.* — Quartz limpide, traversé en tous sens par des lames verdâtres qui pourraient être de la calamine. — Plaque carrée de 58-30.

Nota. Cette réunion se compose de tout ce qu'il y a de plus rare, de plus curieux, et en même temps de plus beau dans les variétés de ces jolies et intéressantes pierres. La plupart sont montées en bagues. C'est un choix complet.

§. III. PIERRES FIGURÉES.

204 — Quatre pierres, calcédoine, jaspe et silex, sur chacune desquelles on distingue un buste bien caractérisé. Ces pierres forment le plus beau choix dans ces sortes d'accidens. Une d'elles offre sur-tout une illusion parfaite. — Dimension de 25 à 50 m. — en bagues. — m. 14-17.

205 — Trois pierres. Agate offrant le dessin de divers oiseaux, aussi correct qu'on peut le supposer. C'est aussi le plus beau choix. — Dimension de 57 à 75 m. — m 6 à 7.

Nota. On trouve dans cet ensemble les variétés les plus distinguées et les plus curieuses de ces pierres extraordinaires qui tiennent leur effet du hasard d'une coupe. Elles sont montées en bague.

On trouvera à l'article *calcédoine*, *cornaline*, etc. de la Collection de pierres fines, les agates œillées placées ici dans le Catalogue du Musée.

§. IV. BOIS ET MADRÉPORES AGATISÉS.

206 — Pièces de bois agatisé, palmier et autres bois distingués par leurs effets, qu'on emploie en bijoux ; ils sont du plus beau choix. — Dimension de 17 à 25 m. — m. 1 à 5.

207 — Deux pièces, autre bois agatisé, dans lesquelles on aperçoit, par la variété des teintes, les couches concentriques, les nervures du centre à la circonférence et les tubes longitudinaux remplis de matières limpides et transparentes. — Dimension de 28 à 38 m. — m. 6 à 7.

208 — Trois pierres madrépores agatisées de diverses espèces ; elles sont aussi curieuses par leur matière que par leur effet. — Dimension de 36 à 47. — m. 8-9.

Nota. Les bois et madrépores pétrifiés sont communs ; mais le nombre de ceux assez beaux pour faire des bijoux, est très-petit. On en voit ici un choix précieux, et chacun d'eux offrira à l'observateur les moyens de contempler le travail successif des temps qui a remplacé chaque partie, constituant le bois par un suc pierreux.

§. V. SUCCIN, AMBRE JAUNE, RENFERMANT DES INSECTES.

209 — Quatre succins taillés de belle couleur et purs, con-

tenant des insectes d'espèces inconnues , bien conservés , entre autres une grande espèce de mante. — Dimension de 16 à
39 m. — m. 1 à 4.

Nota. Ce choix donne l'idée de ce qu'il y a de plus distingué
et de plus curieux dans ces succins qui , en enveloppant et con-
servant les insectes, nous en ont fait connaître d'espèces perdues
ou étrangères.

§. VI. BOITES DE DIVERSES SUBSTANCES PRÉ-CIEUSES ET CURIEUSES. — Cat. du Mus. p. 196.

210 — Boîte ovale de deux pièces , en calcédoine incolore ,
traversée par des fils rameux d'un beau vert. — Substance
très-précieuse et rare , de 86 sur 49 m. — m. n. 1.

211 — Deux plaques de boîte octogone , en cornaline
blonde , avec bande beau blanc. Agate aussi fine et rare que
d'un bel effet. — De 70 à 55 m. — m. 2.

211 *bis.* — Boîte de six plaques , carré long d'agate rouge.
— Cornaline nuagée de différentes teintes. Matières des plus
recherchées et des plus rares , sur-tout dans ce volume. — De
80 sur 57 m.

212 — Deux plaques de boîte carrée , en cornaline d'un
beau rouge, très-précieuses par leur grandeur et leur effet.
— m. 3.

212 *bis.* — Boîte de huit plaques carrées , cornaline
blonde à bandes brunes sardoines. La finesse de la pâte et le
bizarre assemblage des couleurs , la mettent au premier rang
des belles agates.

213 — Boîte ovale , de deux pièces , en agate rubanée
blanc-rouge , etc. Matière charmante par ses teintes et son chatoiement. — De 82 sur 57 m. — m. n. 43.

214 — Boîte en deux pièces, octogone en agate incolore ,
rubanée en sardoine et en blanc , très-distinguée par la vivacité des couleurs. — De 79 sur 41 m. — m. n. 4 , p. 197.

215 — Trois boîtes de deux pièces chacune , en agate rubanée , agate brèche , et quartz rayé , offrant chacune des variétés rares et curieuses. — Dimension de 71 à 80 m. —
m. n. 5-7.

216 — Boîte de deux pieces , carrée , en bois agatisé , de
l'espèce des fougères arborescentes. L'effet , le dessin et la matière sont des plus remarquables. — De 80 sur 60 m. — m.
n. 8.

217 — Trois boîtes de bois agatisés , en racine noueuse ,
en bois beau vert de Cobourg , et en bois rubané blanc et sardoine. Matière des plus distinguées. — Dimension de 90 à 66
m. — m. n. 9-11.

218 — Deux plaques de boîte carré , en jaspe rubané , violet , abricot et blanc. Ce jaspe , du plus bel effet , vient de Sibérie. — Dimension 77 sur 46 m. — m. n. 12.

219 — Deux boîtes de six plaques , carré long , en cailloux
d'Egypte des plus rares , dont l'une renferme des coquilles
dites *camérines*. Objet rare et précieux. — De 61 sur 68 m.
— m. n. 13-14 , p. 198.

220 — Huit boîtes , dont les unes sont de deux plaques , de
diverses matières précieuses , telles que Labrador du plus beau
choix , granit à grenat , lépidolite , etc. — Dimension de 45
à 96 m. — m. n. 15-22.

221 — Boîte de six plaques , carré long , en lumachelle de
Carinthie. Morceau de choix de cette magnifique matière , qui
reflette les couleurs les plus vives. — De 80 sur 46 m. — m.
n. 23.

222 — Boîte de 2 pièces , ronde en brèche , dite *seme santo*.
— Diamètre 76 m. — m. n. 24.

223 — Boite de six plaques carrées , en ambre jaune transparent. C'est la perfection de cette matière , par la grande
pureté et l'égalité des teintes. — De 70 sur 50 m. — m. n. 25.

224 — Deux plaques de boîte ovale , en quartz brun avanturiné en couleur d'or. Des plus belles et des plus brillantes
— De 71 sur 55 m.

225 — Quatre boîtes de diverses substances , moins précieuses.

Nota. Ce choix renferme ce qu'il y a de plus remarquable dans les substances employées à ces sortes de bijoux , sous les rapports de l'effet , de la rareté , de la beauté relasive , et même de la curiosité. Il est de ces boîtes qui offrent des matières dont on ne connaît pas de semblables.

RECAPITULATION.

PREMIÈRE PARTIE.		DEUXIÈME PARTIE.	
Pierres gravées ,	210	Pierres avec arborisation,	25
Coquilles et Verres gravés ,	11	Pierres accidentées ,	23
	Total 221	Pierres figurées ,	7
		Bois et madrépores agatisés ,	11
Report de la deuxième partie ,	103	Succin ,	4
		Boîte de diverses substances ,	33
	Total général 324		Total 103

Ces trois cent vingt-quatre pierres sont montées en bague , médaillon et même en boîtes en or , excepté cinq à six dans les pierres gravées , et une vingtaine dans les autres. Aucune des boîtes n'est montée.

On compte en outre trente pierres , non décrites , parce qu'elles sont moins importantes.

COLLECTION

DE

PIERRES FINES ou GEMMES TAILLEES,

LA VI.ᵉ DU CATALOGUE DU MUSÉE,

Publié en 1811, 1 vol. *in-4°. fig.*

~~~~~~~~~~~~~~~~~~~~~~~~~

De tous les temps ces éclatantes productions de la nature ont été très-recherchées, cependant la plupart des amateurs, des négocians, des artistes, ont acheté, travaillé et vendu des pierres fines, sans avoir de vraies connaissances sur leur nature, sur leurs caractères spécifiques et distinctifs, sur l'étendue des variétés de chaque espèce, et même sur leur degré de beauté propre et relative. Très-peu de personnes jugeaient ces brillantes pierres par les propriétés qui les caractérisent. C'est à l'aide d'une sorte de routine et d'habitude de voir, que chacun se guidait dans ce commerce; aussi combien en est-il résulté d'erreurs, combien cette routine a-t-elle fait de dupes! et quelle confusion n'a-t-elle pas introduite dans la nomenclature!

C'est ce défaut d'expansion d'un genre d'instruction utile, qui a déterminé le marquis de Drée à chercher les moyens d'étendre par-delà le cercle des savans, les connaissances propres à faire discerner les différentes espèces de ces belles pierres, à faire juger leur divers caractères de beauté, et à faire apprécier leur valeur.

Pour cela, il fallait mettre les connaissances théoriques à la portée de chacun, et faire trouver, dans une collection
~~~~~~~~~~~~~~~~~~~~~~~~~

bien suivie de ces gemmes, les nonbreux objets de comparaison qui sont indispensables pour former notre œil et notre tact à distinguer toutes ces nuances, souvent légères, d'éclat, de pureté, de poli, de teinte qui caractérisent chaque espèce, et même les degrés de perfection dans l'espèce : tel a été l'objet que l'auteur s'est proposé en formant cette Collection ; et il s'est attaché :

1° A présenter dans chaque espèce et variété principale, des pierres parfaites sous tous les points, la couleur, la pureté, l'éclat et même la taille ;

2°. A donner la série des diverses couleurs et teintes que chacune des espèces affecte, sans négliger la beauté ;

3°. A présenter les divers effets de lumière ou autres modifications remarquables dans les diverses espèces, en faisant toujours choix des pierres caractérisant le type du beau dans chaque variété ;

4°. A mettre en comparaison plusieurs sortes de tailles dans toutes les espèces, afin de faire juger leurs différens effets.

Cette Collection devait aussi être formée d'après le principe adopté pour toutes celles de ce Musée, c'est-à-dire, être utile à l'étude des sciences, des arts, et déployer le plus beau choix des pierres ; elle a atteint ce but ; les suites sont les plus complètes ; et dans le nombre des pierres, on en distingue beaucoup des plus rares, des plus précieuses et d'une grande valeur.

Pour répandre les connaissances théoriques, l'auteur a inséré dans le Catalogue de son Musée, une notice détaillée et mise à la portée de chacun, sur les caractères distinctifs, les propriétés, les qualités, les variétés de chacune des espèces de pierres, ainsi que sur leur valeur, avec des observations sur la taille de ces pierres, et sur le paillon dont on se sert pour rehausser leur éclat. On trouvera de plus dans le Catalogue du Musée, le dessin de quelques-unes de ces pierres, pour faire connaître les différentes tailles.

On ne donne ici qu'une simple énonciation de chaque pierre, avec sa dimension ou son poids, et on n'emploie qu'un mot pour exprimer ses qualités ; on ne parle même pas des diverses tailles , attendu qu'on peut avoir recours au Catalogue du Musée et aux supplémens, dans lesquels chaque pierre est particulièrement décrite.

On a réuni à cette Collection les pierres formant l'appendice de la première partie de la Collection des pierres gravées dans le Catalogue du Musée.

Le nombre des pierres de cette Collection s'élève à plus de 360 , dont 300 sont des pierres principales, presque toute montées en forme de Bague , épingles , médaillons , etc. plusieurs sont entourées de diamans de choix , ou en ont sur les côtés. Les 60 autres pierres sont de moindre importance.

Nota. Le poids est pris en grains , dont quatre font un karat. Les dimensions sont notées en millimètres , dont 27 font 12 lignes. Voyez cette mesure à la page 2.

DIAMANT. — *Diamant.*

1 — Diamant incolor , *blanc* , le plus parfait possible en tout point. Taille surcoupée. — Ovale de 13 sur 11 millimètres. 20 grains. — Catal. mus. 1.

2 — D. incolor, vif, pur, très-beau. Taille dite recoupée. —Carré émoussé de 11 sur 10 m.

3 — D. incolor , vif et pur, taillé en table pour portrait. — Car. ém. de 12 sur 8 m. — Cat. mus. 12.

4 — D. rose , couleur très-agréable, parfait, et très-précieux. —Car.-ém. de 10 sur 8 m. 11 gr. —m. 2.

5 — D. rose plus foncé, teinte cerise, couleur très-rare . vif et pur. — Ov. de 5 sur 4 m. 2 gr. — m. 3.

6 — D. vert , belle coul. Vif et pur. —Car. de 8 sur 6 m. 8 gr. — m. 4.

7 — D. vert, teinte plus sombre , taillé en rose. — Rond de 7 m. 4 gr. — m. 5.

8 — D. chrysolite, belle coul. Eclatant et pur. Charmante pierre. —Rond de 9 m. 10 gr. — m. 6.

(94)

9 — D. jaune jonquille, la plus belle couleur, éclatant et pur. — Ov. de sur m. — m. 7.

10 — D. jaune citron, très-belle couleur, éclatant et pur. — Rond de 9 m. 10 gr. — m. 8.

11 — D. jaune plus clair, vif et pur, taillé en rose. — Ov. de 9 sur 8 m.

12 — D. bleu-clair du beril. Pierre curieuse. — Rond de 6 m.

13 — D. bleu, teinte indigo, vif et pur. Cette couleur est très-rare. — Ov. de 8 sur 7 m. — m. 9.

14 — D. coul. hyacinthe. Pierres des plus rares et des plus précieuses. — Ov. de 12 sur 10 m. 15 gr. — m. 9.

15 — D. jaune enfumé, dit *savoyard*, parfait. L'éclat est le plus vif. — Rond de 10 m. 12 gr. m. 11.

16 — D. brun-noir; vif et pur. Pierre curieuse. — Car. ém. de 7 sur 6 m. — m. 10.

Nota. Cet ensemble de pierres fait connaître toutes les couleurs du diamant; il n'y manque que le diamant noir, pierre rare, mais presque sans effet. Les diamants colorés sont très-peu communs hormis le jaune, et ils sont très-rarement purs et d'une couleur prononcée, aussi sont-ils recherchés lorsqu'ils ont ces qualités. Il en est dans cette série de très-beaux et d'uniques : On en remarquera deux qui faisaient partie du cabinet de monsieur le baron d'Ogny, et qui étaient les pierres d'affection de ce grand connaisseur.

SAPHIR. — *Corindon bleu.*

17 — Saphir bleu barbeau foncé et velouté, parfait. — Octog. de 11 sur 10 m. 24 gr. — m. 2.

18 — S. bleu un peu plus clair, mais aimable, parfait. — Octog. de 9 m. 9. gr. — m. 3.

19 — S. bleu un peu indigo, éclatant et pur, très-beau. — Octog. de 13 sur 12 m. 27 gr. — m. 1. Pl. I, fig E.

20 — S. même bleu , plus clair, éclatant et pur. — Car.-
ém. de 14 sur 15 m.

21 — S. bleu-céleste, éclatant et pur. Couleur agréable et
gaie. — Carré de   sur   m. — m. 4.

22 — S. nuance bleue, plus clair, éclatant et pur.— Oct.
de 11 sur 10 m. 16 gr.—m. 5.

23 — S. bleu-céleste, à reflets vifs , mais blancs. Pierre
curieuse.—Ov. de 12 sur 10 m.—m. 6.

24 — S. couleur d'eau, d'un éclat très-vif, pur. — Car.-
ém. de 12 sur 10 m. 24 gr. — m. 7.

25 — S bleuâtre. Des hexagones concentriques y sont
marqués par des nuances. — Cabochon de 24 sur 20 m. —
m. 8.

26 — S. incolor, *blanc*, éclatant et pur. Ce saphir est
très-rare. — Octog. de 11 sur 9 m. 18 gr. — m. 9.

Nota. Dans cette série on voit des pierres de nuance tellement
graduée qu'elles présentent depuis le saphir incolor (blanc),
jusqu'au saphir du bleu le plus intense, on trouve aussi les
différentes teintes, qualités et effets de lumière particuliers
aux saphirs ; tous sont purs et d'un beau choix : il en est un qui
sort du cabinet de M. d'Ogny.

RUBIS VIOLET D'ORIENT , ou AMÉTHYSTE ORIEN-
TALE. — *Corindon violet.*

27 — Rubis violet-pourpré, couleur très-belle et très-rare.
—Ov. de 11 sur 8 m. — m. 1.

28 — Rubis violet, moins pourpré, la plus belle couleur ,
parfait. — Ov. de 11 sur 10 m.

29 — R. violet, couleur très-agréable , éclatant et pur. —
Octog. de 8 sur 7 m. 6 gr. — m. 2.

30 — R. violet, teinte améthyste claire. éclatant et pur.
— Ov. de 10 sur 8 m. — m. 3.

RUBIS D'ORIENT. — *Corindon rouge.*

31 — Rubis rouge-ponceau, la plus riche couleur, éclatant et pur. — Rond de 8 m. 6 gr. — m. 1.

32 — R. rouge un peu cerise, très-belle couleur, éclatant et pur. — Car.-ém. de 11 sur 9.

33 — Deux Rubis rouge-giroflée, magnifique couleur. Parfait. — Ov. de 8 sur 7 m. 6 gr. — m. 2.

34 — R. rouge-giroflée, teinte différente, très-belle couleur. Parfait. — Ov. de 9 sur 8 m. 10 gr. — m. 3.

35 — R. rouge-giroflée, un peu plus clair, éclatant et pur. — Octog. de 10 sur 8 m. 12 gr. — m. 4.

36 — R. même couleur, teinte plus violette, éclatant et pur. — Car.-ém. de 9 sur 8 m. 10 gr. — m. 4.

37 — R. beau rose, couleur agréable et rare dans l'espèce, vif et pur. — Ov. de 9 sur 8 m. 10 gr. — m. 5.

38 — R. rose hortensia-clair, vif et pur. — Car.-ém. de 10 sur 8 m. 9 gr. — m. 6.

39 — R. incolor au milieu, rouge aux extrémités. Pierre curieuse. — Car.-ém. de 8 sur 7 m. — 6 gr. — m. 7.

Nota. De toutes les pierres précieuses, les rubis sont celles dans lesquelles la beauté et à plus forte raison la perfection s'allient le plus rarement avec la grandeur, lors même qu'elle ne s'élève qu'au poids de 8 à 10 grains; aussi ne faut-il que la pureté réunie à une belle teinte pour donner une grande valeur à ces éclatantes gemmes. Deux de ces rubis ont fait partie du cabinet de M. d'Ogny; tous les autres sont aussi recommandables, et jouent leur rôle dans cet ensemble.

TOPAZE D'ORIENT. — *Corindon jaune.*

41 — Topaze jaune-abricot; couleur belle et très-rare, éclatante et pure. — Octog. de 9 sur 8 m. — m. 1.

42 — T. jaune-jonquille, la plus magnifique couleur.

parfaite. — Ov. de 14 sur 12 m. 26 gr.—m. 2. Pl. I, fig. K.

43 — T. même couleur, mais un peu plus claire, elle n'est pas moins belle et parfaite que la précédente. — Car.-ém. de 13 sur 11 m.

44 — T. jaune citron, belle et aimable coul. éclatante et pure. — Car.-ém. de 11 sur 9 m. 16 gr. — m. 3.

45 — T. jaune-clair, agréable coul. d'un éclat très-vif, pure. — Octog. de 13 sur 11 m. 23 gr. — m. 4.

46 — T. jaune faible, presqu'incolor, vive et pure. — Ronde de 11 m. — m. 5.

Nota. La topaze d'orient est de la même espèce que les rubis d'orient et que les saphirs, la couleur fait la seule différence entre ces variétés. Cette suite de topazes est du plus beau choix et montre les teintes et les nuances depuis le jaune intense jusqu'à l'incolor.

PÉRIDOT ORIENTAL. — *Corindon vert.*

47 — Corindon vert, teinte péridot, éclatante et pure. Pierre rare. — Ovale de 8 sur 7 m. — m. 1.

SAPHIR et RUBIS CHATOYANS.—*Corindon chatoyant.*

48 — Deux saphirs bleuâtres, mi-transp. chatoyans en blanc. — Ov. cab. de 7 sur 5 m. — m. 1.

49 — Saphir noir, presque opaque, chat. en blanc très-curieux et rare. — Ov. de 8 sur 6 m. — m. 2

50 — Rubis rouge, teinte rose, chat. en blanc rosé. Très-jolie pierre. — Ov. cab. de 13 sur 10 m. — m. 3.

51 — Corindon vert foncé, chat. en blanc d'un côté, irisé de l'autre, et faisant astérie. — Ov. cab. de 17 sur 15 m. — m. 4.

52 — C. brun, chat. en jaune d'or, donnant par reflets des hexagones concentriques. — Hexagone 12 m. — m. 5.

ASTERIE. — *Corindon étoilé.*

53 — Saphir astérie blanc bleuâtre , mi-transp. donnant à une vive lumière une étoile à 6 rayons blancs éclatans , curieux et bel effet. Superbe pierre. — Ronde cab. de 14 m. — m. 1.

54 — S. astérie bleuâtre , effet analogue. Variété de taille. — Ov. cab. doublé de 11 sur 8 m. — m. 2.

55 — S. astérie bleu foncé , belle couleur donnant plusieurs étoiles. Pierre très-rare. — Ov. en poire de 22 sur 1½ m.

56 — Rubis astérie beau rouge. Cet effet est très-rare dans le rubis. — Rond de 7 m. — m. 3.

57 — R. astérie violet. Effet parfait. — Rond. de 5 m. m. 4.

Nota. Ces trois variétés appartiennent encore à l'espéce *corindon.* Les astéries ont toujours eu une grande valeur , lorsque leur effet était vif et pur. Cette série est très-remarquable , parce qu'elle présente de grandes pierres parfaites , de diverses couleurs et même de rouges qui sont très-rares.

CHRYSOLITE ORIENTALE. — *Cymophane.*

58 — Chrysolite verte , teinte un peu jaune , superbe couleur parfaite en tout , et très-grande pour l'espèce. — Ov. de 16 sur 15 m. — m. 1.

59 — C. verte teinte plus claire , mais aimable , éclatante et pure. — Ronde de 9 m. — m. 2.

60 — C. vert , moins jaune , d'un éclat très-vif. Pure , très-belle. — Ronde de 8 m. — m. 3.

CHRYSOLITE CHATOYANTE. — *Cymophane chatoyante.*

61 — Trois chrysolites vert-jaune , chatoyant en bleu clair, d'un très-bel effet. — Ov. cab. de 10 sur 7 m. — m. 1.

62 — C. vert plus sombre, même chatoiement. Belle pierre. — Ov. cab. de 11 sur 9 m.

63 — C. vert sombre, chatoyant, en une bande blanche lumineuse. Pierre parfaite et unique pour la beauté de son effet. — Ov. cab. de 10 sur 9 m. — m. 2.

Nota. Le vert-jaune et le jaune-brun sont, jusqu'à présent, les seules couleurs connues de la chrysolite. Cette pierre se rapproche du corindon par des caractères essentiels, l'éclat et la dureté. La variété chatoyante est d'un charmant effet. La pierre n. 63 est un objet unique des plus précieux.

RUBIS SPINELLE. — *Spinelle.*

64 — Rubis spinelle, beau rouge ponceau hyacinthe. Pierre parfaite. —— Oct. de 11 sur 9 m. — n. 1.

65 — R. sp. rouge-ponceau, magnifique couleur parfait. —— Car.-ém. de 12 sur 10 m.

66 — R. sp. rouge-ponceau, moins foncé. Charmante et belle coul. — Ov. de 10 sur 9 m. — m. 3.

67 — R. sp. ponceau-rosé, parfait ; il rivalise pour la beauté avec les rubis d'Orient — Oct. de 13 sur 11 m.

68 — R. sp. noir opaque. Curiosité. —— Oct. de 12 sur 10 m. —— m. 4.

RUBIS BALAIS. —— *Spinelle.*

69 — Rubis balais rose foncé, superbe coul. Vif et pur. — Carré de 9 sur 5 m. —— m. 1.

70 — R. bal. rose un peu moins foncé, belle coul. Vif et pur. Ce beau rose est très-rare. —— Ov. de 11 sur 9 m.

71 — R. bal. rose clair. Eclatant et pur. Pierre très-distinguée. —Rond de 13 m. —— m. 2.

72 — R. bal. rose, teinte lie de vin. Ec'atant et pur. — Carré sur 10 m. — m. 3.

Nota. Le rubis spinelle et le rubis balais appartiennent à la

même espèce.Ils ont eu long-temps contre eux un ancien pré-
jugé qui les faisaient moins estimer que les rubis d'Orient;c'est
ce qui fait qu'on les a souvent vendus comme rubis orientaux,
lorsqu'ils réunissaient la pureté et l'éclat à une belle couleur.
Mais les vrais amateurs qui savent apprécier les caractères du
parfait, ont toujours mis aux spinelles leur véritable valeur. On
en voit, dans cette série, qui le disputent effectivement en beauté, au plus beau rubis d'Orient.

TOPAZE DU BRÉSIL. — *Topaze.*

73 — Topaze orangée , superbe et rare couleur , reflet
ponceau. Parfaite. —— Car.-ém. de 20 sur 19 m. —— m. 1.

74 — T. orangée, plus claire. Belle coul. éclatante et pure. —— Car.-ém. de 17 sur 14 m —— m 2. Pl. I , fig. II.

75 — T. jaune presque jonquille, coul. très-rare et très-
belle. Parfaite. —— Ov. de 21 sur 19 m —— m. 3.

76 — T. jaune-brun-paille , vive et pure. — Ov. de 14 sur
11 m. —— m. 4.

77 — T. rose-pourprée, reflet beau pourpre, coul. très-
belle et naturelle. Pierre très-rare. —— Ov. de 20 sur 16 m. —
m. 5. Pl. I , fig. I.

78 — T. rose-pourprée prononcé. Superbe couleur , mais
peut-être artificielle , éclatante et pure —— Car.-ém. de 12
sur 10 m. —— m. 6.

79 — T. violet-rose. Cette coul. est produite par l'action du
feu. Vive et pure. — Car.-ém. de 18 sur 13 m. —— m. 7.

80 — T. incolore , *blanche* , parfaite et de l'éclat le plus
rapproché de celui du diamant. — Carré de 12 sur 11 m. —
m. 8.

81 — T. bleu de l'aigue-marine , parfaite et rare. Les topazes bleues sont nouvellement découvertes. — Ov. de 14
sur 12.

TOPAZE DE SIBÉRIE. — *Topaze.*

82 — Topaze incolore, *blanche*, parfaite et rare. — **Ov.** de 14 sur 15 m. — m. 1.

83 — T. jaune-paille, éclatante et pure. Rare. — **Ov.** de 25 sur 18 m. — m. 2, page 291.

84 — T. bleue-aigue-marine, éclatante et pure. Pierre rare et belle. — Ov de 25 sur 15 m. 21 karat.

TOPAZE DE SAXE, — *Topaze.*

85 — Topaze jaune-brun-paille. Vive et pure. — Octog. de 15 sur 11 m. — m. 1.

Nota. On distingue dans le commerce les *topazes*, sous le nom des trois pays ci-dessus indiqués, quoiqu'on en trouve ailleurs, mais seulement parce qu'on n'a guère travaillé que celles-là, ou qu'elles sont plus connues. Les topazes du Brésil sont les plus belles ; on distingue sur-tout les roses pourprées naturelles, qui sont très-rares ; celles de Sibérie ont beaucoup d'éclat, celles de Saxe sont presqu'insignifiantes. On ne peut voir un choix plus beau en tout point que celui formé par ces trois séries.

ÉMERAUDE. — *Émeraude.*

86 — Emeraude vert foncé, velouté, magnifique couleur. Parfaite et très-précieuse. — Carré de 12 m. 24 gr. — m. 1. Pl. fig. D.

87 — Em. verte, un peu plus claire, veloutée, charmante coul. Parfaite. — Car.-ém. de 10 sur 9 m. — m. 2.

88 — Em. verte, plus claire, couleur agréable. Vive et pure. — Car.-ém. de 12 sur 11 m. — m. 5.

89 — Em. verte, encore plus claire. Eclatante et pure. — Car. de 15 m. 51 gr. — m. 4.

EMERAUDE CHATOYANTE. — *Émeraude.*

90 — Emeraude vert clair, chatoyant, en vert blanchâtre. Effet agréable et des plus rares. — Ovale de 12 sur 9 m. — m. 1.

Nota. Cette petite série d'Emeraude, en présentant toutes les qualités de cette pierre, suffit pour faire juger et apprécier les émeraudes, soit sous le rapport de la pureté et de l'éclat, soit sous celui des nuances, des qualités et de la grande beauté de la couleur; on sait que dans ces brillantes et agréables pierres il est très-rare que la pureté accompagne la belle couleur. Quand à l'émeraude chatoyante c'est une pierre des plus difficiles à trouver.

BERIL AIGUE-MARINE. — *Aigue-marine.*

91 — Béril bleu de ciel, superbe et rare coul. Parfait. — Octog. de 12 sur 11 m. - m. 1.

92 — B. bleu, légèrement plus clair, parfait. Très-belle pierre. — Octog. de 16 sur 14 m. — m. 2.

93 — B. couleur d'eau. Eclatante et pure. — Octog. de 20 sur 16 m. — m. 3.

94 — B. jaune foncé, teinte de miel, couleur rare. Vif et pur. — Carré de 9 sur 6 m.   m. 4.

95 — B. jaune-jonquille, superbe et rare couleur. Parfait. — Car.-ém. de 17 sur 14 m. - m. 4.

96 — B. jaune-citron, belle couleur. Eclatant et pur. — Carré de 10 sur 9 m. — m. 5.

97 — B. jaune-citron, un peu plus clair. Eclatant et pur. — Carré de 12 sur 10 m. — m. 6.

98 — B. jaune-paille, Vif et pur. — Ov. de 17 sur 13 m. — m. 7.

99 — B. vert, teinte péridot, reflets plus blancs. Vif et pur. — Ov. de 16 sur 13 m. — m. 8.

100 — B. vert clair, teinte bleue, coul. agréable. Eclat. et pur. — Octog. de 13 m. —— m. 9.

101 — B. vert bleu clair. C'est une tranche d'un faisceau de 6 prismes hexaèdres réunis, autour d'un prisme central. Morceau curieux et remarquable. — Rond de 14 m. — m. 10.

Nota. Les aigues-marines sont des émeraudes affectant d'autres couleurs que le beau vert, mais à cet égard elles cèdent l'avantage à l'émeraude proprement dite, cependant ces pierres sont estimées et doivent l'être par leur éclat et leur pureté, elles le sont sur-tout lorsque leur couleur est interne; on en trouve dans cet ensemble, de bleu, de jaune et de verte qui donnent l'idée de ce qu'il y a de plus beau. Il est sur-tout douteux d'en trouver qui approchent de la variété jaune n°. 95.

HYACINTHE. — *Zircon.*

102 — Hyacinthe orangée – ponceau, veloutée, la plus riche coul. Parfaite. — Octog de 15 sur 15 m. — m. 1.

103 — H. un peu plus claire, très-vive et pure. Coul. aussi belle qu'agréable — Octog. de 11 sur 10 m. — m. 2.

JARGON. — *Zircon.*

104 — Jargon jaune-souci, coul. curieuse. — Octog. de 12 m. — m. 1.

105 — J. jaune-citron, teinte verte. Eclatant et pur. — Ov. de 10 sur 9 m. —— m. 2.

106 — J. jaune-clair, presqu'incolor. Vif et pur. — Oct. de 10 sur 8 m. — m. 3.

107 — J. vert-olive, clair, vif et pur. Pierre rare et curieuse par sa coul. — Octo. de 12 sur 10 m. — m. 4.

Nota. De ces deux variétés de *zircon*, l'hyacinthe est la plus remarquable; une belle couleur qui lui est propre, la fait toujours rechercher. Le choix de ces pierres est le plus beau.

GRENAT SYRIAN. — *Grenat.*

108 — Grenat violet velouté , magnifique coul. Parfait , unique et des plus précieux. — Oct. de 19 sur 15 m. 68 gr. — m. 1. Pl. I , fig F.

109 — G. violet, plus clair , couleur très-aimable. Parfait. — Oct de 15 sur 11 m. — m. 2.

110 — G. violet-pourpre , coul. très-distinguée. Eclatant et pur. — Oct. de 11 sur 9 m. — m. 3.

111 — G. violet , teinte plus sombre. Vif et pur. — Ov. de 14 sur 11 m. — m. 4.

112 — G. ponceau , teinte violette , variété de coul. Vif et pur. — Oct. de 12 sur 11 m. — m. 5.

GRENAT DE BOHÊME. — *Grenat.*

113 — Grenat rouge , teinte un peu hyacinthe, superbe couleur. Eclatant et pur. — Ov. cab. de 20 sur 15 m. — m. 1.

114 — G. même coul. , mais plus clair. Vif et pur. Grande pierre pour l'espèce. — Car.-ém. à facettes de 25 sur 19 m. — m. 2. Pl. I , fig. G.

115 — Trois grenats rouges , teinte de sang , dit *pyrope* , la plus belle couleur. Parfaits — Ronds cab. de 7 m. — m. 3.

116 — G. coul. hyacinthe claire , teinte qu'on nomme *vermeille* dans le commerce. — Octog. de 11 sur 8 m. — m. 4.

GRENAT DE CEYLAN. — *Grenat.*

117 — Grenat rouge vineux, beau rouge sur la feuille. Vif et pur. — Ov. à facettes de 20 sur 15 m. — m. 1.

118 — G. même coul. , mais rouge plus franc. Parfait

(105)

Superbe pierre. — Ov. cab. à facettes de 25 sur 19 m. —— m. 2. Pl. I , fig. L.

119 — Plusieurs grenats de diverses variétés , offrant des teintes différentes. —— m. 5.

120 — Grenat rouge foncé , coul. de feu , magnifique à la transparence. Parfait et unique , très-propre à la gravure. Il est du Groënland. —— Ov. cab. de 25 sur 16 m.

GRENAT ASTÉRIE et GRENAT AVANTURINÉ. — *Grenats.*

121 — Grenat de Ceylan rouge , donnant à une vive clarté une croix blanche et lumineuse , dans le genre de l'étoile du corindon astérie. Rare. —— Ovale cab. de 17 sur 12 m. —— m. 1.

122 —— G. rouge brun , avanturiné en paillettes d'or, curieux. —— Ov. cab. de 9 sur 8 m. —— m. 2.

Nota. Cette distinction des grenats , introduite dans le commerce depuis très-long-temps , n'est pas exacte ; la couleur affectée à chacune de ces désignations , peut se trouver et se trouve en effet, dans des pays différens. On peut dans cette série, juger le mérite de toutes les couleurs et teintes qu'affectent les grenats. On remarquera des grenats qui , par la supériorité de leurs couleurs , et les autres qualités, rivalisent avantageusement avec les gemmes les plus précieuses , et sont du plus grand prix ; l'œil de l'amateur saura les distinguer. Les grenats astéries sont une curiosité qu'on ne trouve pas fréquemment. Au lieu d'une étoile à six rayons , que donne le corindon astérie , le grenat en donne une à quatre rayons mobiles.

CRISTAL DE ROCHE BLANC. —— *Quartz incolor.*

123 —— Cristal de roche incolor , très-limpide , éclatant et pur. —— Car.-ém. de 15 sur 13 m. —— m. 1.

124 —— Cr. inc. taille simple et remarquable. Le plus parfait. —— Octaèdre tronqué de 21 sur 19 m. —— m. 2.

125 —— Cr. inc. remarquable par l'éclat le plus vif. Rond de 16 m. —— m. 3.

126 —— Cr. inc. un peu laiteux. —— Ov. de 16 sur 14 m. m. 4.

127 —— Cr. inc. très-beau , taille et dimensions exactes du diamant , dit *le régent*. — Car.-ém. de 31 sur 30 m.

AMÉTHYSTE. —— *Quartz violet*

128 — Améthiste violet foncé , veloutée , magnifique couleur. Pierre parfaite et des plus rares. — Carré de 15 m. —— m. 1.

129 —— A. moins foncée , éclatante et pure. Très-belle pierre. —— Ov. de 26 sur 21 m. — m. 2.

130 —— A. encore moins foncée. Vive et pure. — Ov. de 22 sur 20 m. — m. 3.

131 —— A. violette. Vive et pure, variété de coul. —De 14 sur 11 m.

FAUSSE TOPAZE. —*Quartz jaune-brun et enfumé.*

132 — Cristal de roche orangé hyacinthe. Parfaite et des plus curieuses. *Fausse hyacinthe.* —Ov de 17 sur 15 m.— m. 1.

133 — Cr. teinte hyacinthe plus brune, belle coul. Vif et pur. —— Oct. de 17 sur 15 m.

134 — Cr. jaune-orangé, comme la topaze , superbe coul. Parfait. —— Car.-ém. de 11 sur 10 m. — m. 2.

135 Cr. jaune-orangé , plus clair. Parfait , et rivalise avec la topaze. - - Ov. de 23 sur 18 m. — m. 3.

136 — Cr. jaune-jonquille , belle coul. de topaze. Vif et pur. — Oct. de 12 sur 10 m. — m. 4.

Ces trois derniers peuvent aisément se confondre avec les topazes du Brésil.

137 — Cr. jaune-paille, vif et pur, dite *topaze de Bohème*.
—Ov. de 22 sur 20 m.— m. 5.

138 — Cr. jaune-paille, teinte brune, *topaze de Bohéme*.
Car.-ém. de 18 sur 14 m. — m. 6.

139 — Cr. jaune-brun, un peu foncé, dit *topaze de Saxe*.
Grande et belle pierre. — Oct. de 38 sur 35 m. — m 7.

140 — Cr. jaune-miel enfumé. Vif et pur. Très-belle
topaze enfumée. — Oct. de 54 sur 50 m. — m. 8.

Voyez une fausse topaze gravée en creux, Collection des
pierres gravées.

141 — Cr. brun, coul. bois. Vif et pur. Coul. aimable et
curieuse, *topaze enfumée*. — Oct. de 19 sur 17 m. — m. 9.

142 — Cr. brun maron. Vif et pur, *topaze enfumée*. —
Ov. de 35 sur 28 m. — m. 10.

143 — Cr. brun foncé, presque noir. Pierre rare et remarquable. — Oct. de 15 sur 12 m. — m. 11.

FAUX RUBIS. — *Quartz rose*.

144 — Cristal de roche rose-clair. Vif et pur. — Car.-ém.
de 10 sur 8 m. — m. 1.

145 — Cr. rose plus foncé, pur transparence un peu né-
buleuse. Belle pierre. — Ov. de 19 sur 15 m. — m. 2.

Nota. Les cristaux de roche (quartz), prennent, comme
on le voit par les quatre séries précédentes, la plupart des
couleurs dont jouissent les gemmes, et quelques-fois ces couleurs y sont si belles et s'y réunissent avec tant d'éclat et de
pureté, qu'il faut un œil exercé pour distinguer ces cristaux
de roche d'avec les plus précieuses gemmes de semblable
couleur. Un des grands moyens pour éviter l'erreur et la
fraude, est à cet égard d'avoir sous les yeux des objets de
comparaison, chaque série montre ce qu'il y a de plus parfait
dans les variétés, et il en est dans le nombre qui sont au-dessus
de tout éloge, tel que l'amétyste n. 128.

CRISTAL DE ROCHE IRISÉ. — *Quartz irisé.*

146 — Cristal de roche incolor reflétant les coul. de l'iris. Pierre distinguée. — Ov. tabl. de 28 sur 22 m. — m. 1.

147 — Cr. pareil avec des variétés dans les reflets. — Ov. cab. de 14 sur 12 m. — m. 2.

CHATOYANTE. — *Quartz chatoyant.*

148 — Chatoyante blanc verdâtre, chatoyant en blanc brillant. Belle et pure. — Ov. cab. de 13 sur 11 m. — m. 1.

149 — Chatoyante jaune-brun, chat. en jaune blanc. Jeu éclatant. — Ov. cab. de 14 sur 9 m. — m. 2.

150 — C. pareille, teinte plus rouge, petite, mais parfaite. — Ov. cab. de 10 sur 8 m. — m. 3.

151 — C. brun-clair, chatoyant en jaune-blanc. Jeu éclatant. — Ov. cab. de 13 sur 10 m. — m. 4.

152 — C. brun-clair, mais presque opaque. Jeu parfait. — Ov. cab. de 10 sur 8 m. — m. 5.

153 — C. jaune-brun opaque, rare et belle; c'est un bois agatisé. — Ov. cab. de 19 sur 16 m. — m. 6.

154 — C. verte-olive opaque. Du plus bel effet. Pierre rare et distinguée. — Ov. cab. de 14 sur 10 m. — m. 7.

155 — C. vert olive, noire, chatoyant en blanc gris. Parfaite. — Ov. cab. de 10 sur 8 m. — m. 8.

156 — Vingt-quatre chatoyantes de diverses variétés non montées.

AVANTURINE. — *Quartz avanturiné.*

157 Quartz vert-clair avanturiné en vert émeraude. Pierre rare et belle. — Ov. cab. de 17 sur 16 m. — m. 1.

158 — Q. orangé, avant. en jaune d'or. Du plus bel effet. — Ov. cab. de 16 sur 11 m. — m. 2.

159 — Trois quartz avanturinés, rose, violet et bleu

d'un très-beau choix. — Ov. cab. de 23 sur 19 m. — m. 5.

160 — Q. incolor avanturiné, en plaques aurore et rouge. Eclatant, dit RUBACE. Pierre recherchée. — Carré de 12 m.— m. 4.

161 — Q. analogue, mais à petites plaques brunes et vertes, RUBACE. Très-rare. — Hexag. de 16 m. — m. 5.

162 — Q. brun, avant. à paillettes blanches brillantes et rouges vives. Rubace des plus belles. — Ov. de 12 sur 9 m.

163 — Q. vert, avanturiné par des paillettes de mica vert. Belle pierre. — Ov. cab. de 20 sur 14 m. — m. 6.

164 — Q. jaune-brun avanturiné par du mica jaune brillant. Très-belle. — Ov. cab. de 23 sur 18 m. — m. 7.

165 — Q. incolor, parsemé de pyrites cuivreuses, brillantes. — Ov. cab. de 16 sur 14 m. — m. 8.

Nota. Le connaisseur verra par le choix des pierres des trois groupes précédents, qu'on ne peut mieux représenter ces charmantes substances ; chaque échantillon, en indiquant une variété, porte en même-temps le carractère de la beauté.

ENHYDRE. — *Calcédoine et Quartz enhydres.*

166 — Calcédoine blanche mi-transparente, en globule creux renfermant une grosse goutte d'eau qui flotte dans sa cavité. L'une des plus belles de ces pierres curieuses. — Ov. irrégulier de 21 sur 16 m.   m. 1.

167 — C. blanche-rosacée, analogue. Transparente et très-belle. — Rond de 23 m.   m. 2.

168 — Quartz incolor limpide, avec une multitude de petites bulles, dans chacune desquelles roule une goutelette d'eau. Morceau rare et très-beau. — Irrégulière de 33 sur 31 m. — m. 3.

169 — Q. incolor limpide, renfermant une grosse goutte d'eau. Très-belle. — Ov. de 16 sur 15 m.

Nota. Ce n'est pas seulement des calcédoines renfermant une goutte d'eau, ce sont aussi des cristaux de roche, offrant un grand nombre de goutelettes, roulant dans de petites géodes, phénomène aussi curieux qu'intéressant pour celui qui aime à se rendre raison de la marche de la nature.

CALCÉDOINE, CORNALINE, SARDOINE, SAPHIRINE, JASPE, etc. *Unicolors, onyxés, rubanés, œillés,* etc. etc. (1).

Substances unicolores.

170 — Deux calcédoines, 1 incolore, 1 blanche. Des plus belles.

171 — Deux calc. rose peu foncé, de deux nuances. Vives et pures.

172 — Calc. blanche mi-transparente, donnant les couleurs de l'iris. Curieuse et jolie pierre.

173 — Deux calc. bleu-saphir, dite *saphirine*. Parfaites. Belle pierre.

174 — Deux calc. 1 verdâtre, 1 violette; pâles. Ces pierres n'ont pas un grand effet, mais elles sont rares.

175 — Deux cornalines jaunes, dite *corn. blondes*. Très-belles.

176 — Deux corn. orangées, nuances différentes. Eclatantes et pures.

177 — Trois corn. rouges de diverses teintes du choix le plus beau.

178 — Corn. rouge-brun sardoine. Intermédiaire entre la cornaline et la sardoine. Très-belle.

----

(1) *Observations.* Dans le *Catalogue du Musée*, les pierres œillées se trouvent sous le §. 3 de la deuxième partie de la septième Collection, page 194, et celles unicolores, onyxées, etc. forment l'appendice de la première partie de ladite septième Collection des pierres gravées, page 185. On a cru plus convenable de la rapporter dans celles des pierres fines. Les numéros de renvoi sont en rapport avec ces §. de la septième Collection.

179 — Trois sardoines de diverses teintes. Le choix est fait parmi les plus belles de ces pierres précieuses.

180 — Jaspe-agate vert picté de rouge, dit *héliothrope*. Beau.

181 — Quartz-prase vert-sombre. Pierre propre à la gravure.

182 — Agate vert-jaunâtre, dit *plasma*. Pierre très-rare.

183 — Deux pechsteins, 1 vert-jaune, 1 jaune. Beaux et purs.

184 — Trois jaspes, rouge, vert, jaune. Les plus beaux.

Ces pierres ovales ou carrées ont de 15 à 26 m. dans leurs plus grandes dimensions.

Substances onyxées, rubanées et œillées.

185 — Calcédoine à 7 lits, 3 blancs entre 4 incolors. Pure et régulière. — Ov. de 20 sur 18 m. — m. 2.

186 — C. à 3 lits, 1 blanc entre 1 rose et 1 vert. Très-belle et très-rare. — Ov. de 15 sur 13 m. — m. 3.

187 — Cornaline à 3 lits, 1 blanc entre 2 rouges. Parfait et rare. — Ov. 17 sur 14 m. — m. 5.

188 — Corn. à 5 lits, 2 gris entre 3 rouges-bruns. Peu distinguée. — Ov. de 21 sur 16 m. — m. 4.

189 — Sardoine à 3 lits, 1 blanc entre 2 sardoines. Superbe et parfaite. — Ov. cab. de 20 sur 16 m. — m. 9.

190 — Sard. à 3 lits, 1 blanc entre 2 sardoines, le supérieur plus clair. Parfaite, et la plus belle. — Ov. de   sur

191 — Pechstein à 2 lits, noir et blanc, dit PECH-OPALE. Rare. — Ov. de 17 sur 12 m.

192 — Silex à 3 lits; blanc entre gris et jaune. — Ov. de 30 sur 22 m.

193 — Jaspe à 3 lits, 1 blanc entre 2 verts-olives. Rare et belle. — Ov. de 17 sur 14 m. — m. 1.

194 — Malachite à 7 lits, 3 vert-clair entre 4 vert-noir. Charmante. — Ov. de 13 sur 9 m.

195 — Calcédoine blanche, rayée par des bandes brunes et rouges, imitant des jets de flamme. Ronde de 13 m. — m. 7, p. 187.

196 — Cornaline rouge à l'apparence, mais imperceptiblement rubanée en jaune. — Ov. de 15 sur 11 m. — m. 6, p. 187.

197 — C. rouge traversée par une bande blanche. — Ov. de 24-21 m.

198 — Calcédoine incolore tachetée de beau rouge. — Ov. de 17 14 m.

199 — Sardoine cerise, barrée d'une large bande blanche. Belle en tout. — Carré de 19 sur 14 m. — m. 8, p. 187.

Voyez nombre des plus distinguées des variétés de ces substances, aux pierres gravées, Collection ci-dessus.

200 — Calcéd. jaune, œillée par un cercle blanc à milieu incolor. — Ronde de 13 m.

201 — Agate incolore, œillée par un cercle blanc à milieu rouge. Très-curieuse. Ronde de 14 m. — m. 8, p. 194.

202 — Ag. incolore, œillée par un cercle blanc à milieu jaune. Très-pure. — Ronde de 10 m. — m. 9.

203 — Cornaline rouge, œillée par une large bande blanche, milieu rouge. Jolie pierre. — Ov. de 13 sur 9 m. — m. 10.

204 — C. rouge, œillée par un cercle, milieu rouge et centre blanc. — Ov. de 14 sur 10 m. — m. 11.

205 — Cristal incolor, œillé, un cercle blanc large, et un autre transparent, centre blanc, pur. — Rond de 20 m.

206 — Silex gris, œillé par plusieurs cercles concentriques blancs, jaunes et gris. Curieux. — Ov. de 24 sur 20 m.

207 — Malachite œillée, à cercles concentriques, vert foncé et vert clair pur. — Rond de 18 m.

2o8 — Plusieurs autres agates onyxées , œillées non montées. — m. 12.

Nota. On a rassemblé , dans cette série , des pierres qui ,
n'étant que translucides , ne peuvent être taillées à facettes ,
mais qui, remarquables par leur couleur, par leur éclat et par
des accidens ou des particularités extraordinaires, s'emploient
aussi en bijoux. On remarquera que , dans les pierres unicô-
lores , les échantillons indiquent le parfait de l'espèce, et que ,
parmi les onyx , il en est d'une grande beauté , de curieuses et
de très-rares, dont plusieurs ont de la valeur.

OPALE. — *Silex opale.*

209 — Opale blanche , laiteuse , à larges flammes rouges,
vertes et bleues. — Ronde cab. de 11 m. — m. 1.

210 — Op. incolore , teinte flottante aurore , à reflets bleus,
violets et verts. — Ov. de 14 sur 10 m. — m. 2.

211 — Op. incolore , opalisant en rouge, si l'on est entre
elle et la lumière ; en vert , si elle est intermédiaire ; et tout-
à-fait incolore , si l'on regarde à travers. Curieuse. — Ov. de
11 sur 9 m. — m. 3.

212 — Deux opales blanches , opalisant en petites plaques
de toutes les couleurs de l'iris. Cette variété dite l'ARLEQUINE,
est des plus précieuses et des plus rares. Pierres parfaites. —
Ov. de 10 sur 8 m. — m. 4.

213 — Op. blanche , à petits filets ondulés de toutes les
couleurs. Très-belle ovale de   sur   — m. 5.

214 — Op. blanc-laiteux , à paillettes beau vert. Rare et
pure. — Ov. de 15 sur 15 m. — m. 6.

215 — Op. blanche , à petits cylindres transparens ; elle
semble comme traversée à jour par des trous d'épingle. —
Ronde de 9 m. — m. 7.

216 — Op. incolore , opalisant entièrement en bleu. Jolie
variété. — Ov. de 15 sur 9 m. — m. 8.

217 — Op. jaune de miel , à grandes laines rouges et ver-

tes. Unique dans son genre et magnifique. — Ronde de 11
m. — m. 9.

218 — Op. jaune-opaque, à petites flammes, rouges, vio-
lettes et vertes. — Ronde de 17 m. — m. 10.

219 — Op. vert-jaune, à plaques vertes éclatantes. Très-
rare. — Ov. de 13 sur 11 m. — m. 11.

220 — Op. un peu violette, vive et pure, sans aucuns reflets. — Ov. de 11 sur 9 m. — m. 13.

221 — Plusieurs opales de diverses variétés non montées.

222 — Prime d'opale gris-brun, à plaques de toutes les
couleurs. Très-vives. — Ov. de 27 sur 21 m. — m. 14.

223 — Prime d'opale, fond noir, à paillettes de toutes les
couleurs, fond bai gné. — Carré de 33 sur 22 m. — m. 15.

Nota. Cet ensemble nous offre les variétés d'une des pierres
précieuses qui méritent le plus d'être recherchées, par l'éclat, la
vivacité et la variété de ces couleurs ; aussi l'opale est-elle au
premier rang des pierres fines ; souvent même elle a une valeur supérieure à celle du diamant à grandeur égale. Les opales
que nous présentons ici, sont toutes très-distinguées, et quelques-unes, étant le complément de la beauté, sont du
plus grand prix.

HYDROPHANE. — *Silex hydrophane.*

224 — Deux opales hydrophanes, blanches, violacées ;
trempées dans l'eau, elles deviennent transparentes, et opalisent en beaux vert et violet. Rares et très-recherchées. —
Ov. de 26 sur 20 m. — m. 1.

225 — Deux hydrophanes blanches, transparentes par
leur immersion dans l'eau. — Octogone de 41 sur 29 m. —
m. 2. Montées richement, en forme de livres, par M. Va-
chette.

226 — Deux hydrophanes blanc opaque. — Ovale de 21
sur 16 m.

GIRASOL. — *Quartz résinite, silex résinite.*

227 — Girasol incolor, opalisant en jaune d'or. Clair, pur et beau. — Octog. de 12 sur 8 m. — m. 1.

228 — Gir. même coul. et effet. Pur et très-beau. — Oct. de 20 sur 14 m.

Nota. L'hydrophane et le Girasol sont deux sortes de pierres qui tiennent à l'opale, et dont la première a un effet des plus remarquables, ne présentant que peu d'agrément à l'œil; mais elles sont d'un grand intérêt, comme curiosités naturelles, et de plus très-rares. Une bague double, telle que celle n° 224, peut renfermer un objet qui, caché à tous les yeux, devient apparent pour ceux seulement qui ont le secret de rendre la pierre transparente.

CHRYSOPRASE. — *Silex, Chrysophase.*

226 — Chrysoprase vert-pomme. Magnifique couleur, parfaite. — Ov. cab. de 18 sur 16 m. — m. 1 Pl. I, fig M.

250 — Chr. un peu plus claire, remarquable par son volume. — Rond cab. de 52 m. — m. 2.

251 — Chr. nuance encore plus faible. Vive et pure. — Ov. cab. de 24 sur 19 m. — m. 3.

152 — Chr vert de feuille, couleur assez rare, vive et pure. — Ov. cab. de 16 sur 15 m. — m. 4.

Nota. Ces pierres sont assez communes; mais elles manquent en général ou d'intensité de couleur, ou de pureté; celles qui, comme celles-ci, réunissent les perfections, ont une assez grande valeur.

TOURMALINE VERTE, dite ÉMERAUDE DU BRÉSIL.

255 — Tourmaline vert foncé, vive et pure. Pierre rare. — Carré de 14 sur 10 m. — m. 1.

254 — Tourm. vert plus clair. Couleur agréable, vive et pure. — Oct. de 14 sur 10 m. — m. 2.

255 — Tourm. bleu-verdâtre, sombre , quoique sans intensité. — Oct. de 8 sur 6 m. — m. 3.

TOURMALINE BRUNE et TOURMALINE NOIRE.

236 — Tourm. transparente vert-jaune dans un sens, brun-aurore dans l'autre. — Ov. de 10 sur 8 m.

257 — Tourm. brune , teinte maron , vive et pure. Très-rare et belle. — Octog. de 23 sur 16 m. — m. 1.

238 — Tourm. même couleur , mais plus transparente , étant plus mince. — Carré de 14 sur 8 m. — m. 2.

259 — Tourm. brun-maron. Superbe couleur, en regardant à travers. — Ov. de 10 sur 9 m. — m. 3.

240 — Tourm. noire opaque , poli éclatant et beau. — Octog. de 19 sur 13 m. — m. 4.

TOURMALINE ROUGE et TOURMALINE CHATOYANTE.

241 — Tourm. rouge-amarante foncé , superbe coul. vive , mais glaceuse. — Ov. de 19 sur 12 m. — m. 1.

242 — Tourm. rouge-pourpre, vive et pure. Pierre très-rare et belle. — Car.-ém. de 15 sur 14 m. — m. 2.

245 — Deux tourm. pourpre-foncé , chatoyant en rouge blanc. — Ov. de 25 sur 18 m. — m. 3.

Nota. On voit ici toutes les variétés de la *tourmaline* , pierre qui , depuis long-temps , est regardée comme extraordinaire , par sa vertu d'attirer les corps légers lorsqu'elle est chauffée, effet de sa propriété pyro-électrique. Les tourmalines de couleur rouge sont très-rares et très-estimées; les vertes sont aussi fort rares , sur-tout du volume de celles de cette Collection. Toutes sont du plus beau choix.

PÉRIDOT.

244 — Péridot vert-pré , de la plus belle couleur. Parfait. — Octog. de 21 sur 17 m. — m. 1.

245 — Pér. nuance un peu plus faible , mais aussi agréable. — Oct. de 24 sur 20 m. — m. 2.

246 — Péridot nuance encore plus faible. — Ov. de
sur

Nota. Le péridot n'est connu dans le commerce que d'une seule couleur , même d'une seule teinte. On voit ici les variétés les plus distinguées.

PIERRE DU SOLEIL. — *Feld-spath chatoyant avanturiné.*

247 — Pierre du soleil incolore , avanturinée dans le point lumineux en petites paillettes jaunes , imitant une pluie d'or qui disparaît à la transparence. — Ov. cab. de 16 sur 10 m. — m. 1.

248 — Pierre du sol. verdâtre , transparente , avanturinée en pluie d'or. — Ov. cab. de 15 sur 8 m. — m. 2.

249 — P du soleil aurore brun opaque , avanturinée en jaune d'or, et prenant la couleur la plus brillante au point lumineux. Parfaite, la plus belle variété. — Ov. cab. de 10 sur 9 m. — m. 3.

250 — P. du sol. analogue , mais translucide. — Ronde de 10 m. — m. 4.

251 — P. du sol. intermédiaire entre les numéros 247 et 249. — Ov. cab. de 11 sur 9 m. — m. 5.

Obs. Les avanturines feld-spathiques ne doivent pas être confondues avec les quartz avanturinés Les premières pierres sont d'un effet brillant, remarquables et extraordinairement rares ; les amateurs les ont toujours portées a un grand prix. La pierre n. 247, qui est tranparente et qui donne un reflet semblable à celui d'une pluie d'or, avait coûté un prix considérable à M. Dogny. Chacune des variétés de cet ensemble, ne présente pas moins de beauté.

PIERRE DE LUNE. — *Feld-spath chatoyant nacré.*

252 — Pierre de lune incolore , laiteuse , opalisant dans le

point lumineux, en une couleur blanche bleuâtre, imitant celle de la lune. Effet charmant et pierre parfaite. — Ronde cab. de 9 m. — m. 1.

252 — Pierre de lune analogue , opalisant en blanc. Parfaite et très-grande. — Ronde de 14 m. — m. 2.

254 — P. de lune blanche, opalisant en blanc nacré. Charmante. Tête de singe isolée de 11 sur 8 m. — m. 3.

Nota Un éclat moins brillant que celui de la pierre du soleil, mais d'une douceur aimable, est l'appanage de la pierre de lune, aussi très-recherchée. Nos trois n.°ˢ en en indiquant les variétés, en présentent aussi toute la beauté ; la grandeur de l'un d'eux lui donne beaucoup de valeur.

PIERRE DE LABRADOR. — *Feld-spath chatoyant opalin.*

255 — Labrador gris , opalisant en aurore brillant. Variété distinguée. — Ov. de 27 sur 22 m. — m. 1.

256 — Lab. brun , opalisant en jaune d'or brillant. Parfait et magnifique. — Ov. de 21 sur 13 m. — m. 2.

257 — Lab. gris , opalisant en beau bleu de ciel. D'un charmant effet. — Ov. cab. de 12 sur 10 m. — m. 3.

258 — Deux lab. gris , opalisant en vert-jaune et en vert-pré. — Ov. de 16 sur 11 m. — m. 4.

259 — Plusieurs labradors offrant diverses variétés de couleur et d'effets.

PIERRE DES AMAZONES. — *Feld-spath vert.*

260 — Pierre des Amazones , beau vert avanturiné en blanc verdâtre. — Ov. de 17 sur 14 m. — m. 1.

Voyez une pierre et un beau vase de cette substance , aux deux Collections suivantes.

Nota. Cette substance qui, à une teinte très-agréable réunit un chatoyement doux , mériterait un rang distingué dans la bijouterie , si elle était toujours aussi parfaite que la pierre sous le n. 260.

HYPERSTÈNE , FETTSTEIN , DIALLAGE.

261 — Hyperstène brun-noir, opalisant en jaune d'or lumineux. Pur. — Ov. de 32 sur 15 m.

262 — Fettstein , vulgairement *pierre grasse* , vert sombre , opalisant en vert clair. Pur. — Ov. de 18 sur 12 m.

263 — Diallage vert sombre , à grandes paillettes chatoyantes en vert-jaune. — Ov. de 32 sur 25 m.

Obs. L'hyperstène et le fettstein , substances nouvellement connues et encore rares , donnent un chatoyement agréable. le diallage est d'un assez brillant effet.

LAPIS. — *Lazulite lapis-lazuli.*

264 — Lapis beau bleu d'azur. — Cachet tournant triangulaire de 18 sur 44 m. — m. 1.

265 — Lapis bleu plus clair. Parfait. — Ov. de 20 sur 16 m. — m. 2.

SAPHIR D'EAU.

266 — Saphir d'eau , bleu-indigo sombre , quoique nuance faible. — de 25 sur 19 m. — m. 1.

267 — Saphir d'eau analogue , mais d'une taille différente. — Ov. de 14 sur 10 m. — m. 2.

Nota. Cette substance , à peine connue , n'a pas encore été beaucoup employée.

OBSIDIENNE CHATOYANTE et AGATE D'ISLANDE. — *Obsidienne.*

268 — Obsidienne noire opaque , plus dure que le verre fait par l'art. — Oct. de 20 sur 15 m. — m. 1.

269 — Obs. vert noir, chatoyant en jaune d'or. Effet agréable. — Ov. cab. de 25 sur 18 m. — m. 2.

270 — Obs. vert, coup-d'œil noir, avanturinée en paillettes jaunes. — Ov. cab. de 19 sur 14 m. — m. 3.

Nota. Il est curieux de voir ces phénomènes volcaniques si redoutables, nous donner des produits qui, joignant un certain agrément à l'intérêt, peuvent devenir des objets de parure tel que l'obsidienne.

ALBATRE ou SPATH SOYEUX D'ANGLETERRE. —
Chaux carbonatée fibreuse.

271 — Albâtre fibreux beau blanc, chatoyant en blanc brillant et nacré. — Ov. cab. de 29 sur 24 m. — m. 1.

LUMACHELLE CHATOYANTE. — *Chaux carbonatée coquillière nacrée.*

272 — Lumachelle brune, avec reflets nacrés rouges, jaunes, verts ou irisés de la plus grande vivacité. — Ov. de 22 sur 17 m. — m. 1.

Nota. Que le nom de marbre donné à ces deux substances n'inspire pas le dédain, lorsqu'il est d'un blanc et d'un chatoyement tel que celui n° 271 ou qu'il offre les vives couleurs du n° 272, il doit figurer parmi les bijoux.

TURQUOISE DE PIERRE, dite VIEILLE ROCHE.

273 — Turquoise beau bleu-de-ciel, qui gagne à la lumière. Magnifique. — Ov. cab. de 12 sur 11. — m. 1.

274 — Turq. bleu plus clair, coup-d'œil verdâtre. Parfaite. — Ov. de 12 sur 11 m. — m. 2.

275 — Turq. vert-bleuâtre, très-belle à la lumière. Vive et pure. — Ov. cab. de 11 sur 8 m. — m. 3.

276 — Plusieurs turquoises de diverses teintes.

TURQUOISE D'OS ou DE NOUVELLE ROCHE.

277 — Trois turquoises beau bleu-de-ciel. Parfaites.
Cette espèce perd de ses qualités à la lumière. Rondes de 9
m. — m. 1.

278 — Turq. bleu-de-ciel, dite *couleur amidon*. Vive et
pure. — Ov. de 10 sur 9 m. — m. 2.

279 — Turq. bleue, nuance plus claire. Pure. — Ov. de
13 sur 10 m.

280 — Plusieurs turquoises de diverses teintes et variétés.

Nota. Ces deux variétés de *turquoises* sont très-distinctes.
Celle, dite *vieille roche*, est un minéral, une pierre. Sa belle
couleur prend plus de vivacité aux lumières. Les *Turquoises
d'os* sont des os pétrifiés et colorés par un métal. Elles sont
d'une très-belle couleur, mais qui devient plus sombre aux
lumières; aussi sont-elles moins estimées que celles de *pierres*.
Les deux séries offrent le plus beau choix.

RECAPITULATION.

Diamant,	16	Emérande chatoyante,	1
Saphir,	10	Béril aigue-marine,	11
Rubis violet d'Orient,	4	Hyacinthe,	2
Rubis d'Orient,	10	Jargon,	4
Topaze d'Orient,	6	Grenat syrian,	5
Péridot oriental,	1	Grenat de Bohême,	6
Saphir et rubis chatoyans,	5	Grenat de Ceylan,	4
Astérie,	5	Grenat astérie,	5
Chrysolite orientale,	3	Cristal de roche,	2
Chrysolite chatoyante,	3	Améthyste.	4
Rubis spinelle,	5	Fausse topaze,	13
Rubis balais,	4	Faux rubis,	2
Topaze du Brésil,	9	Cristal de roche irisé,	2
Top. de Sibérie,	3	Chatoyante,	9
Top. de Saxe,	1	Avanturine,	9
Eméraude,	4	Enhydre,	4

Calcédoine, Cornal. etc. unicol.	28	Pierre du soleil,	5
— onyxée, rubanée, etc.	2	Pierre de lune,	3
Opale,	16	Labrador,	6
Hydrophane,	4	Pierre des Amazones,	1
Girasol,	2	Hyperstène, Fettstein et Diallage,	3
Chrysophrase,	4	Lapis,	2
Tourmaline verte,	3	Saphir d'eau,	2
— brune,	5	Obsidienne,	3
— rouge,	3	Albâtre calcaire,	1
Péridot,	3	Lumachelle chatoyante,	1
		Turquoise de pierre	4
	145	Turquoise d'os,	6

Total 300

On compte, en outre, plus de soixante pierres qui sont groupées à la suite de quelques espèces et qui ne sont pas montées, parce qu'elles n'offrent que des variétés curieuses, accidentelles, ou de comparaison ; dans ce nombre sont plusieurs opales, 2 grosses perles, formes extraordinaires, et d'autres perles d'échantillons.

On y a joint des imitations de pierres de couleur en verre ; elles sont taillées, et des plus parfaites.

COLLECTION

DE ROCHES ET PIERRES,

EN PLAQUES RÉGULIÈRES ET POLIES.

NOTICE PRELIMINAIRE

Sur cette Collection, la Septième du Catalogue du Musée.

Il ne convient pas à celui qui ordonne ou à celui qui construit un monument ou un autre objet d'art, de se servir indistinctement de telle ou telle pierre. Le choix n'est pas indifférent ; la dureté de la matière, son grain plus ou moins fin, sa coloration, et beaucoup d'autres propriétés, sont à considérer par l'influence qu'elles ont sur la durée du monument, sur le genre du travail qu'on se propose, et sur l'effet qu'on veut obtenir. Ainsi, sans la connaissance des différentes pierres, sans celle de la beauté relative dans chaque espèce, et sans celle des effets qui résultent de l'alliance de telle matière avec telle autre, comment pourrait-on faire un bon choix et mettre en harmonie les pierres qu'on doit associer ? Ce but d'utilité n'est pas le seul qui attache à ces connaissances. On sait qu'il n'est personne qui ne voie avec intérêt l'ensemble de toutes les roches ou pierres que les anciens, beaucoup plus recherchés que nous dans le choix de ces matières, ont employées dans tous leurs monumens.

Une Collection qui présente, en plaques régulières et polies, toutes les roches ou pierres réputées précieuses, employées par les anciens ; celles que nous employons, et toutes celles qui méritent de l'être, est donc très-utile pour l'ordonnateur, l'artiste, le curieux, et même le naturaliste. Celle que l'on présente est formée pour offrir, sous tous les rapports, les objets d'intérêt que chacun peut y désirer. Elle se compose :

1°. Des échantillons de toutes les variétés importantes des matières mises en œuvre par les anciens. Une grande partie de ces échantillons a été recueillie par le commandeur de Dolomieu sur les débris mêmes des monumens, et il a joint à chaque échantillon une notice minéralogique ;

2°. De beaucoup d'échantillons des granits, porphyres, laves, basaltes et autres roches dures que l'on travaille en Europe et ailleurs, et même d'un grand nombre d'autres roches qui ne sont encore connues que des naturalistes, mais qui, par leur beauté, méritent une distinction dans les arts ;

3°. D'un très-beau choix d'échantillons fait parmi les matières tendres, telles que les marbres, serpentines, etc. Ce choix comprend tous les marbres les plus précieux, et un grand nombre de tous ceux qui présentent quelques variétés remarquables dans leur composition, leur dessin ou leurs couleurs ;

4°. Les jaspes, les agates, les lapis, les bois pétrifiés, et toutes les matières qui s'employent en bijoux, y ont aussi trouvé leur place, et s'y distinguent par leur grandeur, leur nombre, ainsi que par le choix de ce qu'il y a de plus précieux dans chaque espèce.

Toutes ces plaques sont du volume le plus convenable à chaque substance, et le plus propre à faire connaître tout l'effet de la matière. Chaque tiroir présente un échiquier régulier.

Cette Collection a été si soignée pour le choix, qu'elle offre la réunion de toutes les belles matières, et que, par son arrangement dans les tiroirs, elle forme une suite de tableaux d'un agréable effet, qui facilite la comparaison de ces diverses pierres.

Considérée sous le rapport géologique ou lithologique, cette suite de plaques polies est une espèce de complément à la collection de *roches* et *pierres* : mais comme elle est formée essentiellement pour présenter toutes les matières pierreuses employées utilement dans les arts ; on en a fait une Collection particulière ; elle se lierait également avec la Collection des monumens, placée la huitième dans le catalogue du Musée, c'est même dans la Notice qui la précède, qu'on trouvera des notions théoriques sur la connaissance, la distinction et le mérite de chacune des espèces de roches ou pierres comprises dans celle-ci.

Pour ne pas entrer dans les longueurs qu'entraînent les descriptions, on a groupé les plaques de cette Collection par espèce, et ce nombre de plaques indique celui des variétés composant chaque groupe.

Cette Collection est composée de quinze cents échantillons, dont plus de huit cents en matières dures. La plus grande partie est renfermée dans un meuble d'acajou à tiroirs. Les agates et autres substances précieuses sont rangées dans un petit meuble de cèdre à tiroirs de bois de santal.

PREMIERE SECTION.

MATIERES DURES,

ROCHES GRANITIQUES. — *Granits.*

1 — *Trente-six* plaques carrées de même grandeur et composant un échiquier, des principaux granits employés par les anciens dans leurs monumens. Cette suite a été formée par Dolomieu, et presque tous les échantillons portent une description, écrite de la main de ce naturaliste.

2 — *Cinquante-six* plaques de diverses grandeurs, et de beaucoup de variétés de granits, dont plusieurs antiques, sont différents de ceux qui composent la suite ci-dessus. Ces variétés ont été choisies parmi les granits les plus remarquables de chaque pays, et sont toutes dignes de fixer l'attention de l'amateur et du connaisseur.

ROCHES PORPHYRITIQUES. — *Porphyres.*

3 — *Trente-six* plaques carrées de même grandeur et composant un échiquier, des principaux porphyres employés par les anciens dans l'ornement de leurs édifices. Cette suite, comme celle des granits antiques, a été faite à Rome par

Dolomieu, et la plupart des échantillons a aussi une description, écrite de sa main.

4 — *Quarante-huit* plaques de divers formats, de beaucoup de variétés de porphyres, de Corse, des Vosges, des Pyrénées, de Suède, de Sibérie, et de plusieurs autres lieux. On y voit la plaque de ce curieux porphyre, que M. Faujas a fait figurer dans ses essais de géologie.

ROCHES AMYGDALOIDES.

5 — *Trente-huit* plaques de divers formats, de différentes variétés de roches amygdaloïdes. Cette suite unique comprend les belle roches amygdaloïdes, connues sous les noms *de porphyre globulaire de Corse ou Pyroméride, de fausses brèches etc..* Elles ont été jusqu'à présent peu employées, quelques-unes cependant, méritent d'être distinguées. Ces plaques offrent toutes les formes et les différentes structures des noyaux ou parties distinctes qui sont dans la pierre; tels que les noyaux pleins, ceux à couches concentriques, ceux radiés et ceux qui imitent des fragmens. On trouve aussi parmi ces plaques d'amygdaloides, des variétés à pâte homogène et à pâte porphyritique. Ces dernières variétés doivent sur-tout être remarquées à cause de l'agréable effet des couleurs dont elles sont diaprées.

ROCHES MÉLANGÉES.

6 — *Trente-six* plaques d'autant de différentes variétés de roches; savoir: de roches avec grenat, de roches avec tourmaline, de roches avec disthène, de roches avec amphibole, etc. Ces roches, distinguées par leur beauté; sont peu connues dans les arts. Il en est cependant beaucoup qui peuvent y être employées avantageusement.

PÉTROSILEX ET TRAPPS.

7 — *Vingt-quatre* variétés de ces roches. On y voit celles qui portent le nom de *basaltes antiques*, et que Dolomieu a annoncé le premier n'être pas des laves. On y voit encore ces beaux pétrosilex unicolors et rubanés si remarquables par leur couleur, par la finesse de leur pâte et par leur éclat.

JADES.

8 — *Six* plaques qui réprésentent les diverses teintes de cette substance, ainsi que les variétés dont les Indiens font des ouvrages extrêmement délicats malgré la dureté de cette pierre.

LAVES.

9 — *Quarante* plaques de toutes les espèces et de toutes les variétés de laves lithoïdes, connues sous les noms de *laves* et de *basaltes*. Ces plaques sont un choix fait parmi les plus belles laves de l'Etna, du Vésuve, des monts Euganéens, et d'autres pays.

10 — *Quarante-cinq* plaques de différentes sortes de produits volcaniques, comme laves vitreuses, tufs, brèches volcaniques et pierres rejetées par les volcans, sans avoir été fondues par le feu. Cette suite offre beaucoup d'intérêt.

BRÈCHES DURES.

11 — *Trente-six* plaques de brèches, poudings et autres agrégats siliceux. Dans ce nombre sont de belles variétés des brèches, dites *cailloux de Rennes*, *brèche universelle d'E-gypte*, et *poudings anglais*. On emploie les unes en bijoux, et les autres concourent à la décoration des monumens, font de beaux meubles. Cet ensemble est formé de ce qu'il y a de plus parfait dans chaque variété.

GRÈS.

12 — *Douze* plaques des variétés de grès, les plus propres aux arts et les plus distinguées par leurs grains ou leurs couleurs. Dans ce nombre sont de beaux grès micacés, et des grès avec des dendrites ou ramifications rouges, agréablement nuancés.

QUARTZ.

13 — *Douze* plaques de quartz avanturiné plus ou moins grandes, quelques-unes taillées en médaillons ovales, présentant toutes les variétés de couleurs, rouge, rose, brune, grise, verte, bleue et blanche; belle suite, dont les échantillons sont eux-mêmes propres aux bijoux.

14 — *Huit* plaques irrégulières et assez grandes de quartz améthyste de diverses nuances et diversement diaprées de quartz blanc, etc.

AGATES ET SILEX.

15 — *Quatre-vingt-dix* plaques de divers format, mais régulièrement taillées, et la plupart dans les dimensions de boîte-tabatière les belles plaques ont fréquemment leur pendant; dans ce nombre on compte :

Trente-deux Cornalines et agates rouges, jaspées, veinées, et très-variées pour les dessins et les nuances de cette belle couleur.

Vingt-huit Cornalines blondes et sardoines, veinées en blanc, etc., de la pâte la plus fine, et choisies dans les variétés les plus précieuses.

Trente Calcédoines transparentes pures, d'autres rubanées, onyxées, du choix le plus parfait; parmi elles est une très-grande saphirine.

Cette série renferme ce qu'il y a de plus précieux dans ces charmantes substances auxquelles on attache un grand prix.

16 — *Cent trente* plaques de toutes grandeur et de diverses formes, composant une suite qui comprend toutes les variétés d'agates, telles que les agates diaprées, rubanées, mousseuses, ponctuées, dendritiques, les agates-jaspées, en un mot, toutes les dispositions de couleurs et tous les accidens curieux qu'offrent ces substances. Dans le nombre il y a des plaques qui, par leur beauté et leur rareté, ont une valeur plus élevée.

17 — *Quinze* plaques des diverses variétés des agates, dites *jaspe*, *héliotrope*, *prase*, etc. On connaît le prix de ces matières lorsqu'elles sont de la beauté de celles placées sous ce numéro.

18 — Plaque de chrysoprase d'un beau vert, remarquable par sa grandeur.

JASPES.

19 — *Cent vingt* plaques carrées de jaspes de la *Sicile* et autres pays; elles forment un échiquier, et présentent une suite des variétés les plus belles et les plus rares parmi ces jaspes, tels que les jaspes verts de toutes nuances, les jaspes

fleuris, les jaspes jaunes, ceux qui ressemblent à des bois pétrifiés, etc.

20 — *Soixante-dix* plaques d'inégales grandeurs, d'autres jaspes de tous les pays; il en est de rubanés, de diaprés, de figurés, etc., et quelques-uns offrant des accidens divers. Les beaux jaspes sanguins et autres variétés très-recherchées figurent dans cet ensemble.

21 — *Quinze* plaques régulièrement taillées en carré ou autres formes du jaspe d'*Egypte*, dit *cailloux d'Egypte*, présentant différens états de cette substance, dont plusieurs très-curieux. On y voit des pièces dont le centre est un pouding et la circonférence du jaspe.

BOIS SILICIFIÉS.

22 — *Trente-six* plaques de bois agatisées ou jaspoïdes de plusieurs sortes, et qui rappellent diverses espèces de bois, comme palmier, châtaignier, chêne, sapin. Ils sont remarquables pour leur conservation, leur rareté et leur très-bel effet. Dans ce nombre sont quatre plaques de madrépores agatisés. Cette suite peut être regardée comme unique.

FELD-SPATH.

23 — *Deux* plaques polies pareilles et de formes ovales alongées de feld-spath chatoyant en brun-rouge, de *Norwège*.

24 — *Neuf* plaques polies de diverses grandeurs de feld-spath opalin, dit *labrador*, présentant les couleurs les plus vives et les plus éclatantes. Ce sont des échantillons de labradors d'*Amérique*, de *Russie*, de *Norwège*. On trouve aussi une plaque de ce porphyre extraordinaire de l'Estrèle, dont les cristaux du feld-spath sont aduiaires, c'est-à-dire chatoyant comme la pierre de lune.

25 — *Trois* plaques de feld-spath vert, dit *pierre des Amazones*, très-chatoyantes, et dont une doit être distinguée pour sa grandeur.

LAPIS LAZULI.

26 — *Dix* plaques de lapis lazuli bleu, offrant les variété de cette précieuse matière.

PRÉHNITE.

27 — *Une plaque polie*, carré long, de préhnite vert-jaunâtre du cap de *Bonne-Espérance*. Cette plaque est marquante pour sa grandeur et la pureté de cette rare substance.

DEUXIEME SECTION.

MATIÈRES TENDRES.
SERPENTINES, STÉATITES, TALCS.

28 — *Soixante-dix* plaques de toutes les variétés des serpentines, savoir : *serpentines nobles, serpentines grivelées, pierres ollaires, serpentines abestoïdes, calcaires, etc.* On y remarque toutes les belles modifications des serpentines de *Corse*, de *Saxe*, d'*Italie*. La belle stéatite de la *Chine* ou pierre de lard entre aussi dans ce choix, ainsi que plusieurs autres variétés de roches serpentineuses et talqueuses, remarquables par leur structure et leur bel effet.

MARBRES SALINS. — *Chaux carbonatée saccharoïde.*

29 — *Trente-cinq* plaques de chaux carbonatée saccharoïde, des variétés les plus employées dans les arts. On y voit des échantillons de ces marbres précieux, dits *marbre pentélique, marbre de Paros, bleu antique, cipolin.*

MARBRES. — *Chaux carbonatée marbre.*

30 — *Deux cents* plaques carrées, formant plusieurs échiquiers, de marbres de toutes les variétés. Cette suite, très-riche, présente des échantillons de tous les marbres antiques et modernes les plus précieux, et choisis dans les couleurs les plus agréables. Les marbres connus les plus distingués, figurent également dans cette suite.

LUMACHELLES.

31 — *Soixante-quatre* plaques de lumachelles ou marbres coquilliers, madréporiques, etc. On s'est attaché à réunir dans cette collection des échantillons, non-seulement des variétés connues, mais aussi de celles qui méritent d'être utilisées, et qui sont très-peu répandues. On y voit de belles plaques de la lumachelle vulgairement dite d'*Astracan* (mais qui vient de

Castracani en Syrie); de la lumachelle chatoyante de *Carin-thie*, de la lumachelle œil de paon , etc.

PIERRES DE FLORENCE. *(chaux carbonatée ruiniforme).*

32 — *Trente-six* plaques polies, formant un échiquier de chaux carbonatée argileuse ruiniforme et arborisée , dite *pierre de Florence* et *alberèse*, représentant les diverses variétés de cette singulière pierre , dont plusieurs offrent de charmans dessins ou tableaux. Cette Collection comprend une partie des échantillons qui ont servi au commandeur de Dolomieu, pour son Mémoire sur les pierres de *Florence*, en offre aussi beaucoup de la *Sicile.*

BRÈCHES. — *Chaux carbonatée brèche.*

33 — *Quatre-vingts* plaques de marbres brèches de toutes variétés, parmi lesquelles on trouve la *brèche corail*, le *vert antique* , le *seme santo* , etc. C'est en général une suite des mieux choisies de ces pierres intéressantes par leur emploi journalier dans les arts.

ALBATRES. — *Chaux carbonatée albâtre.*

34 — *Quarante* plaques d'albâtres , la plupart antiques ou orientaux. Ils sont tous des plus remarquables par les nuances de leurs couleurs et la beauté de leur grain. On y a joint quelques échantillons de l'albâtre de *Montmartre* près *Paris*, de celui de *Tivoli* près *Rome*, de celui blanc de neige nommé albâtre d'orté , et qui est si rare.

ALBATRES GYPSEUX. — *Chaux sulfatée.*

35 — *Trente* plaques d'albâtres gypseux blancs, jaunes , gris ou roses; compactes , lamelleux , soyeux et chatoyans. Cette suite présente un beau choix des albâtres gypseux d'*Italie* , connus sous le nom d'*albâtres de Volterra.* Plusieurs ont été recueillis par Dolomieu. Ces albâtres sont employés pour faire de jolis objets de luxe.

SPATH FLUOR, ou ALBATRES VITREUX.
Chaux fluatée.

36 — *Douze* plaques de diverses couleurs , formant l'ensemble des variétés de cette substance ,agréable par ses belles couleurs.

AMBRE. — *Succin.*

37 — *Quatre* plaques de succin ou ambre jaune ; les unes parfaitement transparentes et couleur d'huile d'olive, et les autres presque opaques et de diverses nuances de jaune.

MALACHITE. — *Cuivre carbonaté vert.*

38 — *Deux* plaques de malachite agréablement rubanées, et de la plus brillante couleur.

HÉMATITE. — *Fer oxidé.*

39 — *Deux* plaques, l'une de fer oxidé hématite brune, et la seconde de la mine de fer en grains, dite *pisolie.*

RECAPITULATION.

MATIERES DURES.		MATIERES TENDRES.	
Granits d'anciens monumens,	36	Serpentines, etc.	70
Granits variés,	56	Marbres salins,	35
Porphyres d'anciens monumens,	36	Marbres,	200
modernes,	48	Lumachelles,	64
Roches amygdaloïdes,	38	Pierres de Florence,	36
Roches mélangées,	36	Brèches,	80
Pétrosilex et trapps,	24	Albâtres calcaires,	40
Jades,	6	gypseux,	30
Laves,	85	vitreux (ch. fluatée),	12
Brèches dures,	36	Succin,	4
Grès,	12	Malachite,	2
Quartz,	20	Hématite,	2
Agates, calcéd., cornaline, etc.	90		575
diaprées. rubau., etc.	130		
jaspe héliotrope,	15	Report des matières dures,	935
chrysoprase,	1		1510
Jaspes,	205		
Bois silicifiés,	36		
Feld-spath,	14		
Lapis-lazuli,	10		
Préhnite,	1		

Total   935

Fin du Catalogue.

ERRATA.

Page 5, ligne 13, *au lieu de :* vases, *lisez :* vase.
— *id.* ligne 15, — vases, — vase.
— 11, ligne 1, — pétro-silex, — pétrosilex
— 13, ligne 17, — porphire, — porphyre.
— *id.* lig. 3, — H. 2 p., — H. 23 p.
— 24, lig. 11, — n° 161, — 161 *bis.*
— *id.* lig. 16, — 162, — 162 *bis.*
— 38, lig. 26, — dite...., — dite
— *id.* lig. 31, — Timore, — Timor,
— 47, lig. 18, *remplir ainsi le blanc :* de 14 p.; h. sur
2 p. au moins de diamètre et qui devait être employé à faire un
modèle de ce monument grec, connu sous le nom de lan-
terne de Démosthènes.
— *id.* lig. 19, — n° 263, — 363.
— *id.* lig. 23, *au-dessus du* n° 91, — pièces.
— 58, n° 37, — Astyanax, — Ascagne.
— 64, n° 68, — Viscoti, — Visconti.
— 71, n° 106 *bis*, — camée, — intaille.

— 96, lig. 22, après grandeur, *mettez* un point, *et rem-
placez les trois lignes qui suivent, ainsi :* Aussi ne faut-il que
la pureté réunie à une belle teinte, pour donner une grande
valeur à ces éclatantes gemmes, lors même qu'elle ne s'élèvent
qu'au poids de 8 à 10 grains.

Fin de l'Errata.

TABLE.

Page

Fin de la Table.